A FORMAÇÃO DAS ALMAS

JOSÉ MURILO DE CARVALHO

A formação das almas
O imaginário da República no Brasil

2ª edição
5ª reimpressão

Copyright © 1990 by José Murilo de Carvalho

Grafia atualizada segundo o Acordo Ortográfico da Língua Portuguesa de 1990, que entrou em vigor no Brasil em 2009.

Capa
Alceu Chiesorin Nunes

Foto de capa
A pátria (1919), óleo sobre tela de Pedro Bruno, 190 × 278 cm, Museu da República

Preparação
Mário Vilela

Revisão
Pedro P. Ribeiro
Tácia Soares

Índice remissivo
Probo Poletti

Dados Internacionais de Catalogação na Publicação (CIP)
(Câmara Brasileira do Livro, SP, Brasil)

Carvalho, José Murilo de, 1939-
    A formação das almas : o imaginário da República no Brasil /
José Murilo de Carvalho. — 2ª ed. — São Paulo : Companhia das
Letras, 2017.

    Bibliografia.
    ISBN 978-85-359-2895-2

    1. Brasil – Civilização – Influências francesas 2. Brasil – His-
tória – Proclamação da República, 1889- 3. Brasil – Política e governo – 1889-1930 4. Republicanismo – Brasil – História 5. Símbolos nacionais – Brasil – História I. Título.

17-02105   CDD-981.05

Índice para catálogo sistemático:
1. República, 1889 : Brasil : História 981.05

Todos os direitos desta edição reservados à
EDITORA SCHWARCZ S.A.
Rua Bandeira Paulista, 702, cj. 32
04532-002 — São Paulo — SP
Telefone: (11) 3707-3500
www.companhiadasletras.com.br
www.blogdacompanhia.com.br
facebook.com/companhiadasletras
instagram.com/companhiadasletras
twitter.com/ciadasletras

Sumário

Agradecimentos...7

Introdução.. 9

1. Utopias republicanas...17

2. As proclamações da República.. 36

3. Tiradentes: um herói para a República.................................58

4. República-mulher: entre Maria e Marianne........................... 79

5. Bandeira e hino: o peso da tradição....................................104

6. Os positivistas e a manipulação do imaginário......... 127

Conclusão.. 141

Notas... 143

Fontes.. 155

Bibliografia de apoio.. 159

Índice remissivo..163

Índice das ilustrações.. 168

Agradecimentos

Sou grato ao apoio das duas instituições que me abrigam, o Instituto Universitário de Pesquisas do Rio de Janeiro e a Fundação Casa de Rui Barbosa. O Iuperj recebia substancial apoio da Financiadora de Estudos e Projetos, Finep, e ainda o recebe da Fundação Ford.

Pelo lado intelectual, devo mencionar em primeiro lugar minha dívida com Eduardo Silva, do Setor de História da Fundação Casa de Rui Barbosa. Várias das ideias deste livro, especialmente as que foram desenvolvidas no segundo capítulo, surgiram de conversas com ele. O projeto original contemplava uma autoria conjunta. Somente a viagem de Eduardo à Inglaterra para um programa de doutoramento impediu a cooperação. Espero que ele não se sinta excessivamente traído pelo produto final a que tive de chegar sozinho.

Alguns dos capítulos foram apresentados em palestras no Brasil, na França e nos Estados Unidos, beneficiando-se dos comentários de colegas cujos nomes todos não pude registrar; registro a dívida.

Na Fundação Casa de Rui Barbosa, os colegas do Setor de História discutiram o projeto inicial, e estou certo de ter incorporado algumas das sugestões feitas. De modo particular, agradeço a colaboração das estagiárias Sueli Alves Henderson e Luciana Pazito Alves. Elas batalharam diligentemente em bibliotecas e arquivos em busca de dados escassos e ariscos; também forneceram ideias e sugestões. Marson Jorge V. Alves ajudou a completar a pesquisa de arquivos.

A parte iconográfica contou, para seu levantamento e reprodução, com a colaboração de várias pessoas e instituições. Registro seus nomes, desculpando-me desde já caso involuntariamente omita algum, ou alguns. Na localização e reprodução de quadros, fotos, charges, objetos, contei com o inestimável auxílio de Ângela Pôrto, da Fundação Casa de Rui Barbosa, e de Cristina Barbosa, com quem descobri o acervo da Igreja Positivista. As revistas *Veja,* por intermédio de Mário Sérgio Conti, e *Ciência Hoje* cederam reproduções. As seguintes instituições, graças a seus diretores e funcionários, facilitaram a localização e reprodução de material de seus acervos: Igreja Positivista do Brasil, Museu Nacional de Belas Artes, Museu da República, Museu Histórico Nacional, Museu da Cidade do Rio de Janeiro.

Os capítulos 4 e 5, e parte do 6, foram escritos na Universidade da Califórnia, em Irvine, onde estive como professor visitante do Departamento de História. Sou grato a Steven Topik, professor desse departamento, pelo convite inicial e pela hospitalidade e atenção com que me distinguiu.

Introdução

Estudo anterior sobre a implantação da República mostrou a nula participação popular em sua proclamação e a derrota dos esforços de participação nos anos que se seguiram.[1] Mas permaneceram comigo algumas indagações. Teria o novo regime se consolidado apenas com base na força do arranjo oligárquico? Não teria havido, como acontece quase sempre, tentativas de legitimação que o justificassem, se não perante a totalidade da população, pelo menos diante de setores politicamente mobilizados? Em caso positivo, qual teria sido esse esforço, quais as armas utilizadas e qual o resultado?

O instrumento clássico de legitimação de regimes políticos no mundo moderno é, naturalmente, a ideologia, a justificação racional da organização do poder. Havia no Brasil pelo menos três correntes que disputavam a definição da natureza do novo regime: o liberalismo à americana, o jacobinismo à francesa e o positivismo. As três correntes combateram-se intensamente nos anos iniciais da República, até a vitória da primeira delas, por volta da virada do século.

Embora fundamentalmente de natureza discursiva, as justificativas ideológicas possuíam também elementos que extravasavam o meramente discursivo, o cientificamente demonstrável. Supunham modelos de república, modelos de organização da sociedade, que traziam embutidos aspectos utópicos e visionários.

No caso do jacobinismo, por exemplo, havia a idealização da democracia clássica, a utopia da democracia direta, do governo por intermédio da participação direta de todos os cidadãos. No caso do liberalismo, a utopia era outra, era a de uma sociedade composta por indivíduos autônomos, cujos interesses eram compatibilizados pela mão invisível do mercado. Nessa versão, cabia ao governo interferir o menos possível na vida dos cidadãos. O positivismo possuía ingredientes utópicos ainda mais salientes. A república era aí vista dentro de uma perspectiva mais ampla que postulava uma futura idade de ouro em que os seres humanos se realizariam plenamente no seio de uma humanidade mitificada.

Como discurso, as ideologias republicanas permaneciam enclausuradas no fechado círculo das elites educadas. Mas seja pelo próprio conteúdo do discurso, seja pelos elementos utópicos, elas acabavam por postular a saída do fechado e restrito mundo das elites, acabavam por defender, cada uma a sua maneira, o envolvimento popular na vida política. Este era certamente o caso dos jacobinos, cuja inspiração direta era a Revolução Francesa. À época da proclamação da República, essa revolução era o exemplo mais poderoso de explosão popular na arena pública. Era também, de certo modo, o caso dos positivistas ortodoxos. Embora em princípio contrários a movimentos revolucionários, tinham a Revolução de 1789 como marco na história da humanidade, e sua visão da sociedade ideal era comunitária e incorporadora. Em menor escala, o modelo liberal poderia também incluir exigências de ampliação da participação. Por permitirem, ou mesmo exigirem, tal transbordamento, as ideologias são aqui discutidas (capítulo 1).

O extravasamento das visões de república para o mundo extraelite, ou as tentativas de operar tal extravasamento, é que me interessarão diretamente. Ele não poderia ser feito por meio do discurso, inacessível a um público com baixo nível de educação formal. Ele teria de ser feito mediante sinais mais universais, de leitura mais fácil, como as imagens, as alegorias, os símbolos, os mitos. De fato, um exame preliminar da ação dos jacobinos e positivistas já me tinha revelado o emprego de tais instrumentos, frequentemente sob inspiração francesa. As descrições da época trazem referências ao costume dos republicanos brasileiros de cantarem a *Marselhesa,* de representarem a República com o barrete frígio; informam também sobre a luta dos positivistas pela nova bandeira e sobre a disputa em torno da definição do panteão cívico do novo regime.

Aprofundando a investigação, verifiquei que, embora em escala menor do que no caso francês, também houve entre nós batalha de símbolos e alegorias, parte integrante das batalhas ideológica e política. Tratava-se de uma batalha em torno da imagem do novo regime, cuja finalidade era atingir o imaginário popular para recriá-lo dentro dos valores republicanos. A batalha pelo imaginário popular republicano será o tema central deste livro. A elaboração de um imaginário é parte integrante da legitimação de qualquer regime político. É por meio do imaginário que se podem atingir não só a cabeça mas, de modo especial, o coração, isto é, as aspirações, os medos e as esperanças de um povo. É nele que as sociedades definem suas identidades e objetivos, definem seus inimigos, organizam seu passado, presente e futuro.[2] O imaginário social é constituído e se expressa por ideologias e utopias, sem dúvida, mas também — e é o que aqui me interessa — por símbolos, alegorias, rituais, mitos. Símbolos e mitos podem, por seu caráter difuso, por sua leitura menos codificada, tornar-se elementos poderosos de projeção de interesses, aspirações e medos coletivos. Na medida em que tenham êxito em atingir o imaginário, podem também plasmar visões de mundo e modelar condutas.[3]

A manipulação do imaginário social é particularmente importante em momentos de mudança política e social, em momentos de redefinição de identidades coletivas. Não foi por acaso que a Revolução Francesa, em suas várias fases, tornou-se um exemplo clássico de tentativa de manipular os sentimentos coletivos no esforço de criar um novo sistema político, uma nova sociedade, um homem novo. Mirabeau disse-o com clareza: não basta mostrar a verdade, é necessário fazer com que o povo a ame, é necessário apoderar-se da imaginação do povo.[4] Para a Revolução, educação pública significava acima de tudo isto: formar as almas. Em 1792, a seção de propaganda do Ministério do Interior tinha exatamente este nome: Bureau de l'Esprit.

A atuação de David, como pintor, revolucionário e teórico da arte, é o melhor exemplo do esforço de educação cívica mediante o uso de símbolos e rituais. À época da Revolução, o pintor já se tornara um dos principais representantes do classicismo, especialmente por sua tela *O juramento dos Horácios*. Para ele, no entanto, classicismo não era apenas um estilo, uma linguagem artística. Era também uma visão do mundo clássico como um conjunto de valores sociais e políticos. Era a simplicidade, a nobreza, o espírito cívico, das antigas repúblicas; era a austeridade espartana, a dedicação até o sacrifício dos heróis romanos. O artista devia usar sua arte para difundir tais valores.[5]

Em 1792, o pintor fora eleito membro da Convenção e participava da Comissão de Educação Pública e de Belas-Artes. Envolveu-se profundamente no esforço de redefinir a política cultural, reformar os salões artísticos, produzir símbolos para o novo regime. Foi ele quem desenhou a bandeira tricolor e organizou o grande ritual da Festa do Ser Supremo em 1794. Presidiu ao comitê escolhido pela Convenção para indicar o júri que iria atuar na exposição de 1792. Nessa condição, apresentou à Convenção um relatório (se não redigido, certamente influenciado por ele) em que se estabeleciam as novas diretrizes para os artistas e as novas ideias sobre a natureza e o papel da arte. O relatório dizia: "As artes são imitação da natureza nos aspectos mais belos e mais perfeitos; um sentimento natural no homem o atrai para o mesmo objetivo". Continuava afirmando que as artes deviam inspirar-se em ideias grandiosas e úteis. Seu fim não era apenas encantar os olhos mas, sobretudo, contribuir poderosamente para a educação pública penetrando nas almas. Isso porque "os traços de heroísmo, de virtudes cívicas, oferecidos aos olhos do povo, eletrificam suas almas e fazem surgir as paixões da glória, da devoção à felicidade de seu país".[6] O pintor da Revolução foi talvez o primeiro a perceber a importância do uso dos símbolos na construção de um novo conjunto de valores sociais e políticos.

A vasta produção simbólica da Revolução é por demais conhecida. Ela passa pela bandeira tricolor e pela *Marselhesa,* tão carregadas de emoção; pelo barrete frígio, símbolo da liberdade; pela imagem feminina e pela árvore da liberdade; pelo tratamento por cidadão, de enorme força igualitária; pelo calendário revolucionário iniciado em 1792, esforço de marcar o início de uma nova era; pelas grandes festas cívicas como as da Federação em 1790 e do Ser Supremo em 1794, grandes ocasiões de comunhão cívica. Poder-se-iam acrescentar ainda vários símbolos e alegorias menores, como a balança, o nível, o feixe, o leme, a lança, o galo gaulês, o leão etc. Com maior ou menor aceitação, esses símbolos foram exaustivamente utilizados, não tendo sido menos hostilizados pelos inimigos da Revolução. Uma verdadeira batalha de símbolos, em busca da conquista do imaginário social, travou-se ao longo de quase um século de história, ao sabor das ondas revolucionárias de 1789, 1830, 1848 e 1871 e das reações monárquicas e conservadoras.

Os republicanos brasileiros que se voltavam para a França como seu modelo tinham à disposição, portanto, um rico material em que se inspirar. O uso dessa simbologia revolucionária era facilitado pela falta de competição por parte da corrente liberal, cujo modelo eram os Estados Unidos. Esta não contava com a mesma riqueza simbólica a sua disposição. Por razões que não cabe aqui discutir, talvez pela menor necessidade de conquistar o coração e a cabeça de uma população já convertida aos novos valores, a revolução americana foi muito menos prolífica do que a francesa na produção de símbolos revolucionários. Além disso, não interessava muito à corrente "americana" promover uma república popular, expandir além do mínimo necessário a participação política. Limitava-se à batalha da ideologia; quando muito, insistia em sua versão do mito de origem do novo regime e nas figuras que o representavam: uma briga pelos *founding fathers*. Desse modo, o campo ficava quase livre para a atuação das correntes francesas.

Entre os propagandistas, o entusiasmo pela França era inegável. A proximidade do centenário da Revolução de 1789 só fazia aumentá-lo. Silva Jardim pregava abertamente a derrubada do Antigo Regime no Brasil, fazendo-a coincidir com o centenário. Não se esquecia de incluir o fuzilamento do conde D'Eu, o francês, a quem destinava o papel do infortunado Luís XVI, numa réplica tropical do drama de 1792. O entusiasmo não podia ser mais bem expresso do que nas palavras de um oficial da Marinha, recordando em 1912 os tempos da propaganda: "Todas as nossas aspirações, todas as preocupações dos republicanos da propaganda, eram de fato copiadas das tradições francesas. Falávamos na França bem-amada, na influência da cultura francesa, nas menores coisas das nossas lutas políticas relembrávamos a França. A *Marselhesa* era nosso hino de guerra, e sabíamos de cor os episódios da grande revolução. Ao nosso brado 'Viva a República!' seguia-se quase sempre o de 'Viva a França!'. [...] A França era a nossa guiadora, dela falávamos sempre e sob qualquer pretexto".[7]

Não só a *Marselhesa* era tomada de empréstimo. A alegoria feminina da República já era utilizada mesmo antes da proclamação; o barrete frígio aparecia invariavelmente, isolado ou cobrindo a cabeça da figura feminina; o tratamento por cidadão foi adotado — cidadão presidente, cidadão ministro, cidadão general —, substituindo o solene, imperial e católico "Deus guarde Vossa Excelência" da correspondência oficial; foi introduzido o "Saúde e Fraternidade".[8] Nesse esforço, salientavam-se jacobinos e positivistas, os últimos com a especificidade que os marcava e que tinha a ver com a visão histórica, filosófica e religiosa de Auguste Comte, e com sua concepção da estratégia política a ser adotada no Brasil para promover as transformações sociais. Ambos os grupos se mostraram conscientes da importância do uso dos símbolos e dos mitos na batalha pela vitória de sua versão da república.

A tarefa que me proponho agora é discutir mais a fundo o conteúdo de alguns dos principais símbolos utilizados pelos republicanos brasileiros e, na medida do possível, avaliar sua aceitação ou não pelo público a que se destinava, isto é, sua eficácia em promover a legitimação do novo regime. A discussão dos símbolos e de seu conteúdo poderá fornecer elementos preciosos para entender a visão de república que lhes estava por trás, ou mesmo a visão de sociedade, de história e do próprio ser humano. Ela pode ser particularmente importante para revelar as divergências e os conflitos entre as distintas concepções de república então presentes. A aceitação ou rejeição dos símbolos propostos poderá revelar as raízes republicanas preexistentes no imaginário popular e a capacidade dos manipuladores de símbolos de refazer esse imaginário de acordo com os novos valores. Um símbolo estabelece uma relação de significado entre dois objetos, duas ideias, ou entre objetos e ideias, ou entre duas imagens. Embora o estabelecimento dessa relação possa partir de um ato de vontade, sua aceitação, sua eficácia política, vai depender da existência daquilo que Baczko chamou de comunidade de imaginação, ou comunidade de sentido.[9] Inexistindo esse terreno comum, que terá suas raízes seja no imaginário preexistente, seja em aspirações coletivas em busca de um novo imaginário, a relação de significado não se estabelece e o símbolo cai no vazio, se não no ridículo.

Entre os vários símbolos, alegorias e mitos utilizados, foram selecionados alguns que pareceram mais evidentes e mais capazes de jogar luz sobre o fenômeno da República e de sua implantação. Cada um será objeto de um capítulo à parte. O capítulo 2 discutirá o mito de origem da República. A criação de um mito de origem é fenômeno universal que se verifica não só em regimes políticos mas também em nações, povos, tribos, cidades. Com frequência disfarçado de historiografia, ou talvez indissoluvelmente nela enredado, o mito de origem procura estabelecer uma versão dos fatos, real ou imaginada, que dará sentido e legitimidade à situação vencedora. No caso da criação de novos regimes, o mito estabelecerá a verdade da solução vencedora contra as forças do passado ou da oposição. Se não são abertamente distorcidos, os fatos adquirirão, na versão mitificada, dimensões apropriadas à transmissão da ideia de desejabilidade e de superioridade da nova situação. A mesma distorção sofrerão as personagens envolvidas.

14

Isso nos leva ao capítulo 3, que trata do mito do herói, também de longa tradição na história. Todo regime político busca criar seu panteão cívico e salientar figuras que sirvam de imagem e modelo para os membros da comunidade. Embora heróis possam ser figuras totalmente mitológicas, nos tempos modernos são pessoas reais. Mas o processo de "heroificação" inclui necessariamente a transmutação da figura real, a fim de torná-la arquétipo de valores ou aspirações coletivas. Há tentativas de construção de heróis que falham pela incapacidade da figura real de permitir tal transformação. Há situações em que a mesma figura pode apresentar diferentes imagens de herói para diferentes setores da população, como é o caso de Abraham Lincoln nos Estados Unidos. Para a população negra e da Costa Leste em geral, Lincoln é o herói-salvador do povo, o mártir. Para o Meio-Oeste e o Oeste, ele é o herói-conquistador, o desbravador, o homem da fronteira.[10] Por ser parte real, parte construído, por ser fruto de um processo de elaboração coletiva, o herói nos diz menos sobre si mesmo do que sobre a sociedade que o produz.

Uma das mais populares alegorias da República na França foi a figura feminina. A inspiração foi, sem dúvida, buscada na Antiguidade grega e romana, em que divindades femininas representavam ideias, valores, sentimentos. Palas Atena era a deusa da sabedoria, na guerra ou na paz, podendo aparecer também como a deusa da vitória; Afrodite era o amor, a fertilidade, a beleza; Ceres, a deusa das colheitas e da abundância.[11] Os republicanos brasileiros tentaram utilizar a mesma simbologia. A aceitação do símbolo na França e sua rejeição no Brasil permitem, mediante a comparação por contraste, esclarecer aspectos das duas sociedades e das duas repúblicas. Será esse o tema do capítulo 4.

Modernamente, alguns símbolos nacionais se tornaram de uso quase obrigatório, como a bandeira e o hino. Tornaram-se identificação oficial de países. Mas todos eles possuem uma história, nem sempre pacífica, quase sempre ligada seja ao nascimento da nação, seja à implantação de um regime político. Algumas bandeiras e hinos escaparam mesmo às fronteiras nacionais, tal a força do simbolismo que encarnavam. À época da proclamação da República, era esse o caso da *Marselhesa*, símbolo não só da Revolução de 1789 mas de toda revolução, de todo movimento libertário no Ocidente. A história de hinos e bandeiras constitui, assim, outro instrumento analítico para explorar o conteúdo valorativo ou mesmo ideológico de regimes políticos, se não de sociedades inteiras. A discussão da bandeira e do hino será feita no capítulo 5.

Finalmente, uma vez que foram os positivistas ortodoxos os mais articulados manipuladores de símbolos do novo regime, superando na organização e na perseverança os jacobinos, será a eles dedicado um capítulo à parte. Portadores de uma visão de mundo integrada, que incluía um código operacional e uma tática política bem definida, os ortodoxos foram os que melhor entenderam a importância da manipulação simbólica na reconstrução do imaginário social. Sua inspiração numa filosofia em muitos pontos alheia à cultura nacional, de um lado, e sua ênfase no valor da tradição, de outro, contribuíram para que sua ação fosse um misto de êxitos e fracassos. Tornam-se nítidas, aí também, a limitação do voluntarismo na manipulação do imaginário e a importância da comunidade de sentido.

1. Utopias republicanas*

A conferência pronunciada por Benjamin Constant em 1819, no Athénée Royal de Paris, pode servir de ponto de partida para a discussão dos modelos de república existentes ao final do século XIX. Intitula-se "Da liberdade dos antigos comparada à dos modernos". Nela o termidoriano Constant, inimigo dos jacobinos mas também de Napoleão, atribuía os males da Revolução de 1789 à influência de filósofos como Mably e Rousseau, defensores de um tipo de liberdade que não mais se adaptaria aos tempos modernos.[1] A liberdade por eles defendida, e adotada pelos jacobinos, era aquela que caracterizara as repúblicas antigas de Atenas, Roma e, especialmente, Esparta. Era a liberdade de participar coletivamente do governo, da soberania, era a liberdade de decidir na praça pública os negócios da república: era a liberdade do homem público. Em contraste, a liberdade dos modernos, a que convinha aos novos tempos, era a liberdade do homem privado, a liberdade dos direitos de ir e vir, de propriedade, de opinião, de religião. A liberdade moderna não exclui o direito de participação política, mas esta se faz agora pela representação e não pelo envolvimento direto. O desenvolvimento do co-

---

* Versão modificada deste capítulo foi publicada sob o título "Entre a liberdade dos antigos e a dos modernos: a República no Brasil", em *Dados. Revista de Ciências Sociais,* vol. 32, nº 3 (1989), pp. 265-80.

mércio e da indústria não permitia mais, argumenta Constant, que as pessoas dispusessem de tempo para se dedicar a deliberar em praça pública, nem elas estavam nisso interessadas. Hoje, o que se busca é a felicidade pessoal, o interesse individual; a liberdade política tem por função garantir a liberdade civil.

A oposição entre os dois tipos de liberdade, que é também a oposição entre duas maneiras de conceber a organização política da sociedade, esteve presente também na Revolução Americana de 1776, que optou claramente pela liberdade dos modernos. Os republicanos brasileiros que no final do século XIX se viam às voltas com o problema de justificar o novo regime não podiam escapar de tal debate. Os temas do interesse do indivíduo e de grupos, da nação, da cidadania, encarnados na ideia de república, estavam no centro das preocupações dos construtores da República brasileira. Como país exportador de matérias-primas e importador de ideias e instituições, os modelos de república existentes na Europa e na América, especialmente nos Estados Unidos e na França, serviriam de referência constante aos brasileiros. Esse capítulo discutirá como esses modelos foram interpretados e adaptados às circunstâncias locais pela elite política republicana.

AS DUAS LIBERDADES

O conceito de república era ambíguo para os *founding fathers* da primeira grande república moderna, a dos Estados Unidos da América. Como Hamilton observou, até então o conceito se aplicara a formas de governo muito distintas. Aplicara-se a Esparta, que tinha senado vitalício; a Roma, mesmo sob os reis; aos Países Baixos, que tinham nobreza hereditária; à Polônia, que tinha aristocracia e monarquia.[2] República podia significar tanto governo livre como governo da lei e governo popular. De uma coisa, porém, estavam certos os fundadores, ou a grande maioria deles: a base filosófica da construção que deveriam empreender, a base do novo pacto político, tinha de ser a predominância do interesse individual, da busca da felicidade pessoal. O utilitarismo de Hume era a fonte de inspiração comum de todos. Como se sabe, para Hume todos os homens eram velhacos (*knaves*) e só poderiam ser motivados por meio do apelo a seus interesses pessoais. Tratava-se, portanto, de uma concepção de liberdade que se adaptava perfeitamente à noção de liberdade dos modernos como descrita por Benjamin Constant. O mundo utilitário é o mundo das paixões, ou no máximo o mundo da razão a serviço das paixões, e não o mundo da virtude no sentido antigo da palavra.

O utilitarismo, a ênfase no interesse individual, colocava dificuldades para a concepção do coletivo, do público. A solução mais comum foi a de simplesmente definir o público como a soma dos interesses individuais, como na famosa fórmula de Mandeville: vícios privados, virtude pública. Para explicar o fato inegável de que algumas pessoas em certas circunstâncias eram movidas por razões outras que o simples interesse material, Hamilton recorreu ainda a outra paixão: o amor da glória e da fama. Esse amor poderia combinar a promoção do interesse privado com o interesse público. De qualquer modo, o que aparece em *O federalista,* como observou Stourzh, é a visão de uma nação sem patriotas, é a visão de uma coleção de indivíduos em busca de uma organização política que garantisse seus interesses. Não há identidade coletiva, sentimento de comunidade ou de pátria.

Sem se discutir se era correta a visão da ausência de identidade coletiva entre os habitantes das Treze Colônias, a ênfase no indivíduo levou os fundadores a se preocupar particularmente com os aspectos organizativos da nova sociedade. Se não havia laços afetivos de solidariedade, tornava-se mais difícil, com base apenas no cálculo do interesse, fundar a nova sociedade política. Como observa Hannah Arendt em *On revolution,* no caso americano a verdadeira revolução já estava feita antes da independência. A revolução era a nova sociedade que se implantara na América. Coube aos fundadores promover a *constitutio libertatis,* a organização da liberdade, mais do que fazer a declaração da liberdade. Talvez por isso, ainda segundo Hannah Arendt, a Revolução Americana tenha sido a única que não devorou seus filhos, tenha sido a de maior êxito em se institucionalizar. O contraste com a Revolução Francesa é nítido. Nesta, predominou a declaração da liberdade em prejuízo de sua ordenação. Nos Estados Unidos, Montesquieu era o autor mais importante; na França, era Rousseau. A separação dos poderes como garantia de liberdade, a duplicação do Legislativo como instrumento de absorção das tendências separatistas e a força dada à Suprema Corte como elemento de equilíbrio foram inovações institucionais responsáveis, em boa parte, pela durabilidade do sistema americano. Veremos adiante o apelo que tais inovações na engenharia política tiveram para alguns republicanos brasileiros.

Outro modelo óbvio de república era o francês. As repúblicas da América Latina ou eram consideradas simplesmente derivações do modelo americano, ou não se qualificavam como modelos devido à turbulência política que as caracterizava. Dizer modelo francês é incorreto: havia mais que um modelo francês, em decorrência das vicissitudes por que passara a república naquele país. Pelo menos a Primeira e a Terceira Repúblicas francesas constituíam pontos de referência, naturalmente para públicos distintos.

A imagem da Primeira República se confundia quase com a da Revolução de 1789, da qual se salientava principalmente a fase jacobina, os aspectos de participação popular. Isto é, a fase que mais se aproximava da concepção de liberdade ao estilo dos antigos, segundo Benjamin Constant. Era a república da intervenção direta do povo no governo, a república dos clubes populares, das grandes manifestações, do Comitê de Salvação Pública. Era a república das grandes ideias mobilizadoras do entusiasmo coletivo, da liberdade, da igualdade, dos direitos universais do cidadão.

Mas havia também a Terceira República, que já demonstrava razoável capacidade de sobrevivência. Certos traços da Terceira República tinham a ver, naturalmente, com a influência da tradição liberal de crítica da Revolução de 1789, inclusive a do próprio Benjamin Constant. Esse autor, aliás, já influenciara abertamente a Constituição Imperial brasileira quando esta adotou o Poder Moderador, que ele chamava de *pouvoir royal*, ou *pouvoir neutre*.[3] Essa ideia, a de um poder acima do Legislativo e do Executivo que pudesse servir de juiz, de ponto de equilíbrio do sistema constitucional, poderia ser adaptada tanto a monarquias constitucionais como a repúblicas. A preocupação de Benjamin Constant era com a governabilidade, com a conciliação entre a liberdade e o exercício do poder, problema, segundo ele, não resolvido na França, nem pela Primeira República, que tinha pouco governo, nem pelo Império, que tinha pouca liberdade. Tornar a República governável era uma das principais preocupações dos homens da Terceira República. Mas, para os republicanos brasileiros, Constant não poderia ser fonte de inspiração, pois estava por demais ligado à tradição imperial.

O modelo da Terceira República, ou melhor, uma variante dele, chegou ao Brasil por intermédio principalmente dessa curiosa raça de pensadores que foram os positivistas, de aquém e de além-mar. A transmissão foi facilitada pela estreita ligação que tinham os positivistas franceses com os políticos da

Terceira República, alguns deles positivistas declarados, como Gambetta e Jules Ferry, do chamado grupo dos "oportunistas". A própria expressão "oportunista" fora cunhada por Littré, o líder dos positivistas não ortodoxos. Um dos pontos centrais do pensamento político dos positivistas, expresso na divisa "Ordem e Progresso", era o mesmo de Benjamin Constant, isto é, tornar a República um sistema viável de governo, ou, na frase de Jules Ferry: "La République doit être un gouvernement".[4]

Havia divergências quanto à maneira de tornar a República um governo. Dentro do próprio positivismo, havia os ortodoxos do grupo de Laffitte, que não aceitavam o parlamentarismo adotado pela Constituição Francesa de 1875 e se impacientavam com a demora no rompimento das relações entre a Igreja e o Estado e com a timidez das políticas educacionais. Os ortodoxos ainda adotavam a ideia de ditadura republicana desenvolvida por Comte. O grupo de Littré aceitava o parlamentarismo, tendo ele próprio sido eleito senador, e admitia compromissos em torno de questões importantes, como a das relações entre o Estado e a Igreja, em nome do oportunismo — isto é, em termos positivistas, em nome da necessidade de aguardar o momento sociológico adequado para intervir. De qualquer modo, ortodoxos e heterodoxos, todos se inspiravam politicamente no *Appel aux conservateurs* que Comte publicara em 1855. Nesse texto, o conceito de conservador provinha de sua visão particular da Revolução, que procurava fugir, de um lado, ao jacobinismo robespierrista, rousseauniano, chamado de metafísico, e, de outro, ao reacionarismo do restauracionismo clerical. Era conservador, na visão de Comte, aquele que conseguia conciliar o progresso trazido pela Revolução com a ordem necessária para apressar a transição para a sociedade normal, ou seja, para a sociedade positivista baseada na Religião da Humanidade.

O ponto importante em que a ortodoxia positivista se separava das ideias de Benjamin Constant era a rejeição do governo parlamentar. A divergência era relevante para os republicanos brasileiros. Comte tirara sua ideia de ditadura republicana tanto da tradição romana como da experiência revolucionária de 1789, essas duas, aliás, também relacionadas. A expressão implica ao mesmo tempo a ideia de um governo discricionário de salvação nacional e a ideia de representação, de legitimidade. Não se trata de despotismo. Para Comte, Danton era um ditador republicano e Robespierre era um déspota. Mas a ideia era ambígua, na medida em que no *Appel aux conservateurs* ele apresenta o legitimista Carlos x como a melhor encarnação do ditador republicano.

Seja qual for o conteúdo preciso da expressão, suas consequências para a ideia de representação e para a organização da política republicana eram importantes. A ideia de representação embutida na figura do ditador se aproxima da representação simbólica, ou da representação virtual. Nessas duas acepções, o representante se coloca no lugar do representado, em relação ao qual possui grande independência.[5] O ditador republicano seria, por exemplo, vitalício e poderia escolher seu sucessor. Se ele deve teoricamente representar as massas, pode na prática delas se afastar. Na realidade, o bom ditador comtiano seria aquele que conduzisse as massas. No espírito do *Appel aux conservateurs,* a ditadura monocrática, republicana, conservadora, tem o claro sentido de um governo da ordem cuja tarefa é fazer *d'en haut* a transição para a sociedade positiva. A ditadura republicana aparece aí como algo muito próximo do conceito de modernização conservadora difundido por Barrington Moore.[6]

O positivismo, especialmente na versão de Laffitte, possuía outro traço que o tornava relevante para a discussão da situação brasileira. Vimos o ideal hamiltoniano de uma nação sem patriotas, ao qual se opunha a visão rousseauniana com ênfase no coletivo, na ideia de virtude cívica, de homem público. O comtismo introduziu uma variante nessas duas vertentes. Como é sabido, após o encontro de Comte com Clotilde de Vaux em 1845, sua obra sofreu uma transformação profunda. Os elementos religiosos passaram a predominar sobre os aspectos científicos, o sentimento foi colocado acima da razão, a comunidade foi sobreposta ao indivíduo. Segundo sua própria confissão, Comte passou a unir o instinto social dos romanos (a virtude cívica) à cultura afetiva da Idade Média, expressa nas tradições do catolicismo. Desse modo, fugia completamente ao individualismo mas em seu lugar não colocava a vontade geral de Rousseau. Para Comte, individualismo e vontade geral eram ambos noções metafísicas. O que o comtismo introduzia eram as formas de vivência comunitária, a família, a pátria e, como culminação do processo evolutivo, a humanidade (que Comte escrevia com *h* maiúsculo).

De especial importância é a ênfase dada por Comte à noção de pátria. A pátria é a mediação necessária entre a família e a humanidade, é a mediação necessária para o desenvolvimento do instinto social. Ela deve, para atender a tal função, constituir verdadeira comunidade de convivência, não podendo, portanto, possuir território excessivamente grande. A pátria perfeita deveria ter como característica os dons femininos do sentimento e do amor. A boa pátria será a mátria. Tal visão, se era incompatível com a ideia de nação sem patriotas, também fugia do comunitarismo de Rousseau, que possuía elementos contratuais e, portanto, traços de individualismo. O cidadão positivista não age na praça pública, não delibera sobre as questões públicas. Ele se perde nas estruturas comunitárias que o absorvem totalmente.

Havia, assim, pelo menos três modelos de república à disposição dos republicanos brasileiros. Dois deles, o americano e o positivista, embora partindo de premissas totalmente distintas, acabavam dando ênfase a aspectos de organização do poder. O terceiro colocava a intervenção popular como fundamento do novo regime, desdenhando os aspectos de institucionalização. É verdade que a ideia de ditadura republicana era usada pelos dois modelos franceses, mas na versão jacobina ela permanecia vaga, ao passo que os positivistas detalhavam o papel do ditador, do congresso, as normas eleitorais, a política educacional etc.

Ideias e instituições norte-americanas e europeias já tinham sido adaptadas por políticos imperiais. Antes mesmo da independência do país, rebeliões coloniais tinham-se inspirado seja na Revolução Americana, seja na Francesa. Importar modelos, ou inspirar-se em exemplos externos, não era, assim, exclusividade dos republicanos brasileiros. Os próprios *founding fathers* americanos buscaram inspiração em ideias e instituições da Antiguidade, da Renascença, da Inglaterra e da França contemporâneas. A Revolução Francesa, por sua vez, tivera nos clássicos e no exemplo americano pontos de referência. O fenômeno de buscar modelos externos é universal. Isso não significa, no entanto, que ele não possa ser útil para entender uma sociedade particular. Que ideias adotar, como adotá-las, que adaptações fazer, tudo isso pode ser revelador das forças políticas e dos valores que predominam na sociedade importadora.

A HERANÇA IMPERIAL

O Império brasileiro realizara uma engenhosa combinação de elementos importados. Na organização política, inspirava-se no constitucionalismo inglês, via Benjamin Constant. Bem ou mal, a Monarquia brasileira ensaiou um governo de gabinete com partidos nacionais, eleições, imprensa livre. Em matéria administrativa, a inspiração veio de Portugal e da França, pois eram esses os países que mais se aproximavam da política centralizante do Império. O direito administrativo francês era particularmente atraente para o viés estatista dos políticos imperiais.[7] Por fim, até mesmo certas fórmulas anglo-americanas, como a justiça de paz, o júri e uma limitada descentralização provincial, serviam de referência quando o peso centralizante provocava reações mais fortes.

Todas essas importações serviam à preocupação central que era a organização do Estado em seus aspectos político, administrativo e judicial. Tratava-se, antes de tudo, de garantir a sobrevivência da unidade política do país, de organizar um governo que mantivesse a união das províncias e a ordem social. Somente ao final do Império começaram a ser discutidas questões que tinham a ver com a formação da nação, com a redefinição da cidadania. Embora no início da vida independente brasileira um dos principais políticos da época, José Bonifácio, já tivesse alertado para o problema da formação da nação, mencionando particularmente as questões da escravidão e da diversidade racial, tudo isso ficou em segundo plano, pois a tarefa mais urgente a ser cumprida era a da sobrevivência pura e simples do país.

Após a consolidação da unidade política, conseguida em torno da metade do século, o tema nacional voltou a ser colocado, inicialmente na literatura. *O guarani*, de José de Alencar, romance publicado em 1857, buscava, dentro do estilo romântico, definir uma identidade nacional por meio da ligação simbólica entre uma jovem loura portuguesa e um chefe indígena acobreado. A união das duas raças num ambiente de exuberância tropical, longe das marcas da civilização europeia, indicava uma primeira tentativa de esboçar o que seriam as bases de uma comunidade nacional com identidade própria. No âmbito político, a temática nacional só foi retomada quando se aproximou o momento de enfrentar o problema da escravidão e seu correlato, a imigração estrangeira. Tais problemas implicavam também o da centralização política, uma vez que afetavam de maneira distinta as várias províncias. Os republicanos tinham de enfrentar esses desafios. Mais ainda, em boa parte a opção pela república e o modelo de república escolhido tinham a ver com a solução que se desejava para tais problemas.

A Monarquia aboliu a escravidão em 1888. Mas a medida atendeu antes a uma necessidade política de preservar a ordem pública ameaçada pela fuga em massa dos escravos e a uma necessidade econômica de atrair mão de obra livre para as regiões cafeeiras. O problema social da escravidão, o problema da incorporação dos ex-escravos à vida nacional e, mais ainda, à própria identidade da nação, não foi resolvido e mal começava a ser enfrentado. Os abolicionistas mais lúcidos, os reformistas monárquicos, tinham proposto medidas nessa direção, como a reforma agrária e a educação dos libertos. Mas no curto período de um ano entre a Abolição e a República nada foi feito, pois o governo imperial gastou quase toda sua energia resistindo aos ataques dos ex-proprietários de escravos que não se conformavam com a abolição sem indenização.

O Império tinha, por outro lado, enfrentado o problema da redefinição da cidadania de maneira a dificultar a incorporação dos libertos. A lei eleitoral de 1881, que introduzia o voto direto em um turno, sob pretexto de moralizar as eleições, reduziu drasticamente a participação eleitoral. Ao exigir dos eleitores saber ler e escrever, reduziu o eleitorado, que era de 10% da população, a menos de 1% numa população de cerca de 14 milhões. Se o governo imperial contava com simpatias populares, inclusive da população negra, era isso devido antes ao simbolismo da figura paternal do rei do que à participação real dessa população na vida política do país.

A OPÇÃO REPUBLICANA

Substituir um governo e construir uma nação, esta era a tarefa que os republicanos tinham de enfrentar. Eles a enfrentaram de maneira diversificada, de acordo com a visão que cada grupo republicano tinha da solução desejada. Esquematicamente, podem ser distinguidas três posições.

A primeira era a dos proprietários rurais, especialmente a dos proprietários paulistas. Em São Paulo existia, desde 1873, o partido republicano mais organizado do país, formado principalmente por proprietários. A província passara por grande surto de expansão do café e sentia-se asfixiada pela centralização monárquica. Para esses homens, a república ideal era sem dúvida a do modelo americano. Convinha-lhes a definição individualista do pacto social. Ela evitava o apelo à ampla participação popular tanto na implantação como no governo da República. Mais ainda, ao definir o público como a soma dos interesses individuais, ela lhes fornecia a justificativa para a defesa de seus in-

1. Alberto Sales,
ideólogo da república liberal.

teresses particulares. A versão do final do século XIX da postura liberal era o darwinismo social, absorvido no Brasil por intermédio de Spencer, o inspirador do principal teórico paulista da República, Alberto Sales.

Convinha-lhes também a ênfase americana na organização do poder, não apenas por estar na tradição do país mas, principalmente, pela preocupação com a ordem social e política, própria de uma classe de ex-senhores de escravos. Convinha-lhes, de modo especial, a solução federalista americana. Para os republicanos de São Paulo, de Minas Gerais e do Rio Grande do Sul, três das principais províncias do Império, o federalismo era talvez o aspecto mais importante que buscavam no novo regime. O sistema bicameral era parte da solução federativa.

O modelo americano, em boa parte vitorioso na Constituição de 1891, se atendia aos interesses dos proprietários rurais, tinha sentido profundamente distinto daquele que teve nos Estados Unidos. Lá, como lembrou Hannah Arendt, a revolução viera antes, estava na nova sociedade igualitária formada pelos colonos. A preocupação com a organização do poder, como vimos, era antes consequência da quase ausência de hierarquias sociais. No Brasil, não houvera a revolução prévia. Apesar da abolição da escravidão, a sociedade caracterizava-se por desigualdades profundas e pela concentração do poder. Nessas circunstâncias, o liberalismo adquiria um caráter de consagração da desigualdade, de sanção da lei do mais forte. Acoplado ao presidencialismo, o darwinismo republicano tinha em mãos os instrumentos ideológicos e políticos para estabelecer um regime profundamente autoritário.

Não era esse, sem dúvida, o modelo que convinha a outros desafetos da Monarquia. Havia um setor da população urbana, formado por pequenos proprietários, profissionais liberais, jornalistas, professores e estudantes, para quem o regime imperial aparecia como limitador das oportunidades de trabalho. Digo "aparecia" porque a lentidão do sistema imperial, mesmo em promover a abolição, a excessiva centralização, a longevidade de alguns segmentos da elite política (dos senadores vitalícios, por exemplo) eram vistos como a causa dos problemas desses insatisfeitos, quando a causa estava em outros fatores (como a própria escravidão, que limitava o mercado de trabalho). Acontece que a própria avaliação da Monarquia era condicionada pelas ideias republicanas. A versão jacobina, em particular, tendia a projetar sobre a Monarquia brasileira os mesmos vícios do *Ancien Régime* francês, por menos comparáveis que fossem as duas realidades. Via-se no Império brasileiro, por exemplo, o atraso, o privilégio, a corrupção, quando o imperador era dos maiores promotores da arte e da ciência, quando a nobreza era apenas nominal e não hereditária, quando o índice de moralidade pública era talvez o mais alto da história independente do Brasil. Mas as acusações eram feitas provavelmente de boa-fé, faziam parte da crença republicana.

Para essas pessoas, a solução liberal ortodoxa não era atraente, pois não controlavam recursos de poder econômico e social capazes de colocá-las em vantagem num sistema de competição livre. Eram mais atraídas pelos apelos abstratos em favor da liberdade, da igualdade, da participação, embora nem sempre fosse claro de que maneira tais apelos poderiam ser operacionalizados. A própria dificuldade de visualizar sua operacionalização fazia com que se ficasse no nível das abstrações. A ideia de povo era abstrata. Muitas das referências eram quase simbólicas. Os radicais da República falavam em revolução (queriam mesmo que esta viesse no centenário da grande Revolução de 1789), falavam do povo nas ruas, pediam a morte do príncipe-consorte da herdeira

2. Silva Jardim,
pregador da república jacobina.

do trono (era um nobre francês!), cantavam a *Marselhesa* pelas ruas. Mas, caso tivesse sido tentada qualquer revolução do tipo pretendido, o povo que em Paris saiu às ruas para tomar a Bastilha e guilhotinar reis não teria aparecido. As simpatias das classes perigosas do Rio de Janeiro estavam mais voltadas à Monarquia. A igualdade jacobina do cidadão foi aqui logo adaptada às hierarquias locais: havia o cidadão, o cidadão-doutor e até mesmo o cidadão-doutor-general.

Pela própria implausibilidade dessa solução, os partidários da liberdade à antiga formavam um grupo pequeno, embora agressivo. A maior parte desse grupo de descontentes percebia a dificuldade, se não a impossibilidade, de se fazer a república na praça pública. Era muito clara para eles a importância do Estado. Eram contra o regime monárquico, não contra o Estado. O Estado era o meio mais eficaz de conseguirem seus objetivos. Como o abolicionista Joaquim Nabuco, percebiam que a escravidão era no Brasil a sombra do Estado, mas que sem o Estado seria difícil acabar com ela. Se não lhes interessava a

3 e 4. Miguel Lemos e Teixeira Mendes, apóstolos da república sociocrática positivista.

solução americana, não queriam também a jacobina. Era necessário outro tipo de saída.

A versão positivista da república, em suas diversas variantes, oferecia tal saída. O arsenal teórico positivista trazia armas muito úteis. A começar pela condenação da Monarquia em nome do progresso. Pela lei dos três estados, a Monarquia correspondia à fase teológico-militar, que devia ser superada pela fase positiva, cuja melhor encarnação era a república. A separação entre Igreja e Estado era também uma demanda atraente para esse grupo, particularmente para os professores, estudantes e militares. Igualmente, a ideia de ditadura republicana, o apelo a um Executivo forte e intervencionista, servia bem a seus interesses. Progresso e ditadura, o progresso pela ditadura, pela ação do Estado, eis aí um ideal de despotismo ilustrado que tinha longas raízes na tradição luso-brasileira desde os tempos pombalinos do século XVIII. Por último, a proposta positivista de incorporação do proletariado à sociedade moderna, de uma política social a ser implementada pelo Estado, tinha maior credibilidade que o apelo abstrato ao povo e abria caminho para a ideia republicana entre o operariado, especialmente o estatal.

Um grupo social que se sentiu particularmente atraído por essa visão da sociedade e da república foi o dos militares. O fato é extremamente irônico, de vez que, de acordo com as teses positivistas, um governo militar seria uma retrogradação social. Mas entram aí as surpresas que fazem interessante o fenômeno da adaptação de ideias. Acontece que os militares tinham formação técnica, em oposição à formação literária da elite civil, e sentiam-se fortemente atraídos pela ênfase dada pelo positivismo à ciência, ao desenvolvimento industrial. Por outro lado, por serem parte do próprio Estado, não podiam dele prescindir como instrumento de ação política. A ideia de ditadura republicana tinha para eles um forte apelo, embora na América Latina pudesse aproximar-se perigosamente da defesa do caudilhismo militar e assim tenha sido vista por observadores estrangeiros, especialmente europeus, durante os dois governos militares que iniciaram a República.

Por razões históricas específicas, o modelo positivista seduziu também os republicanos do Rio Grande do Sul. A tradição militar da região, o fato de os republicanos serem lá uma minoria que precisava de disciplina e coesão para impor-se, a menor complexidade da sociedade local em comparação com São Paulo e Rio de Janeiro talvez tenham contribuído para a adesão mais intensa às ideias políticas do positivismo. Mais do que nenhuma outra, a Constituição do Estado do Rio Grande do Sul incorporou elementos positivistas, particularmente no que se refere à predominância do Executivo; ao Legislativo de uma câmara e de caráter orçamentário; à ausência de referência a Deus, substituído pelo trinômio Família, Pátria, Humanidade; à política educacional e social.[8]

A CIDADANIA E A ESTADANIA

Com a exceção dos poucos radicais, os vários grupos que procuravam em modelos republicanos uma saída para a Monarquia acabavam dando ênfase ao Estado, mesmo os que partiam de premissas liberais. Levava a isso, em parte, a longa tradição estatista do país, herança portuguesa reforçada pela elite imperial. A sociedade escravocrata abria também poucos espaços ocupacionais, fazendo com que os deslocados acabassem por recorrer diretamente ao emprego público ou à intervenção do Estado para abrir perspectivas de carreira. Bacharéis desempregados, militares insatisfeitos com os baixos salários e com minguados orçamentos, operários do Estado em busca de uma legislação social, migrantes urbanos em busca de emprego, todos acabavam olhando para o Estado como porto de salvação. A inserção de todos eles na política se dava mais pela porta do Estado do que pela afirmação de um direito de cidadão. Era uma inserção que se chamaria com maior precisão de estadania.

Já foram mencionados os obstáculos sociais à solução jacobina. O ponto merece ser expandido. O exercício da liberdade dos antigos exigia a posse da virtude republicana pelos cidadãos, isto é, a posse da preocupação com o bem público. Tal preocupação era ameaçada sempre que cresciam as oportunidades de enriquecimento, pois surgia então a ambição e desenvolvia-se a desigualdade social. A virtude republicana era uma virtude espartana. Já percebido por Maquiavel, esse tema foi retomado às vésperas da criação das repúblicas modernas. Na França, Montesquieu e, especialmente, Mably viam como condição para a virtude cívica certa igualdade social. Mably achava que apenas a Suíça possuía tal condição, estando os Estados Unidos já corrompidos pela desigualdade. Jefferson, o mais "antigo" dos *founding fathers,* tinha também dúvidas quanto às possibilidades da vigência da virtude republicana nos Estados Unidos devido ao avanço do comércio e da indústria, fontes de corrupção. Dentro de tal visão, o patriota era quase incompatível com o homem econômico, a cidadania incompatível com a cultura.[9] Era essa, aliás, a posição de Benjamin Constant, para quem o desenvolvimento do comércio e da indústria seria a causa fundamental da inadequação da liberdade antiga ao mundo moderno.

Ora, além de ter surgido em uma sociedade profundamente desigual e hierarquizada, a República brasileira foi proclamada em um momento de intensa especulação financeira, causada pelas grandes emissões de dinheiro feitas pelo governo para atender às necessidades geradas pela abolição da escravidão. A febre especulativa atingiu de modo especial a capital do país, centro dos acontecimentos que levaram à República. Em vez da agitação do Terceiro Estado, a República brasileira nasceu no meio da agitação dos especuladores, agitação que ela só fez aumentar pela continuação da política emissionista. O espírito de especulação, de enriquecimento pessoal a todo custo, denunciado amplamente na imprensa, na tribuna, nos romances, dava ao novo regime uma marca incompatível com a virtude republicana. Em tais circunstâncias, não se podia nem mesmo falar na definição utilitarista do interesse público como a soma dos interesses individuais. Simplesmente não havia preocupação com o público. Predominava a mentalidade predatória, o espírito do capitalismo sem a ética protestante.

Houve reação a tal situação durante o segundo governo militar, a fase jacobina da República. Não por acaso, esse governo se destacou pelo combate aos especuladores e aos banqueiros. A imagem mais popular do marechal Floriano Peixoto era a do guardião do Tesouro, uma pálida versão tropical do Robespierre dos tempos do Comitê de Salvação Pública, chamado o Incorruptível. Mas durou pouco a reação. A corrupção e a negociata voltaram a caracterizar o novo regime, fazendo com que o antigo, acusado antes de corrupto, aparecesse já como símbolo de austeridade pública. As representações da República nas caricaturas da época mostram a rápida deterioração da imagem do regime. Da clássica figura da austera matrona romana passa-se rapidamente para a cortesã renascentista. Não se tratava apenas da imagem. Um ministro da Fazenda foi acusado, na virada do século, de ter feito reproduzir o retrato de sua amante em uma nota do Tesouro, como representação da República.

As dificuldades de implantação seja de uma república à antiga, seja de uma república moderna no Brasil, preocupavam os intelectuais da época, especialmente os republicanos. O ponto central do debate era a relação entre o privado e o público, o indivíduo e a comunidade. Vários pensadores identificavam a ausência do individualismo anglo-saxão como fator explicativo da incapacidade brasileira para organizar a sociedade política. O teórico republicano Alberto Sales, após se ter rapidamente desencantado com o novo regime, dizia que os brasileiros eram muito sociáveis mas pouco solidários, isto é, conseguiam conviver em pequenos grupos mas eram incapazes de se organizar em sociedade. Segundo ele, era exatamente a valorização do indivíduo que dava aos americanos a capacidade de organizar-se que tanta admiração tinha causado a Tocqueville. Na mesma linha, Sílvio Romero utilizou um autor francês, Edmond Demoulins, para caracterizar a psicologia brasileira como sendo de natureza comunitária, em oposição à psicologia individualista dos anglo-saxões. A consequência que Sílvio Romero tirava dessa distinção era a mesma de Alberto Sales: a ausência entre os brasileiros do espírito de iniciativa, da consciência coletiva, a excessiva dependência do Estado, o predomínio do que Demoulins chamava de política alimentária.[10]

Até mesmo um positivista como Aníbal Falcão formulava a antinomia nos mesmos termos. A diferença é que Falcão, como bom positivista, colocava a valoração positiva do lado brasileiro. A tradição brasileira, ou ibérica em geral, salientava os aspectos integrativos, participatórios, afetivos. A tradição anglo-saxônica era individualista, egoísta, materialista, conflitiva. O futuro da humanidade estava na primeira tradição. Em política, segundo Falcão, o individualismo levava à dispersão e ao conflito, ao passo que o comunitarismo levava à ditadura republicana de natureza integrativa.[11]

O debate poderia ser seguido até a atualidade, bastando lembrar sua retomada recente por Richard M. Morse.[12] Segundo Morse, um severo crítico da cultura anglo-saxônica, a cultura ibérica traria até hoje a marca da ênfase na integração, na incorporação, na predominância do todo sobre o indivíduo. Tal tradição adviria de uma opção feita na Espanha do limiar da Idade Moderna pela visão tomista do Estado e da sociedade, visão em que predominariam as noções de comunidade e a concepção do Estado como instrumento para a promoção do bem comum.

Tal concepção, é fácil de verificar, aproxima-se da de Aníbal Falcão e da dos positivistas ortodoxos em geral. Não por acaso, Comte dizia ter-se inspirado nas tradições cristãs da Idade Média. As propostas concretas dos positivistas, e não apenas suas posições filosóficas, iam também na direção de promover a integração. A começar por sua demanda básica de incorporação do proletariado à sociedade. De preferência, essa incorporação deveria ser feita pelo reconhecimento, por parte dos ricos, do dever de proteger os pobres, por meio de mudança de mentalidade, e não pelo conflito de classes. Outras propostas concretas iam na mesma direção não conflituosa: a abolição da escravidão pelo governo, a defesa dos índios, a oposição às leis contra a vagabundagem. Até mesmo a transição republicana deveria ser feita de maneira suave: os ortodoxos queriam que o imperador tomasse a iniciativa de se proclamar ditador republicano.

Mas, apesar da admirável dedicação dos ortodoxos, suas propostas tiveram efeito reduzido e passageiro. O apelo à integração aos valores comunitários, feito nas circunstâncias de desigualdade social extrema, de luta intensa pelo poder, de especulação financeira desregrada, caía no vazio. Algumas propostas, como as que se referiam à exaltação do papel da mulher e da família, estavam sem dúvida dentro de uma tradição cultural enraizada. Mas seus efeitos eram antes de natureza conservadora, na medida em que reforçavam o patriarcalismo vigente. Quanto à proposta de fazer do Estado, por intermédio da ditadura republicana, um agente do bem comum, um promotor de políticas sociais, um preparador da sociedade positivista baseada na harmonia das relações sociais, ela reforçava, na melhor das hipóteses, o paternalismo governamental. Na pior, acabava levando água para o moinho do autoritarismo tecnocrático, com ou sem os militares. Comunidade, afeto e amor tornavam-se meras palavras, se não mistificação.

A dificuldade brasileira com os dois modelos de liberdade, a dos antigos e a dos modernos, estava talvez na ausência de um elemento que tais modelos não levavam em conta, mas que era na realidade parte importante, ou mesmo uma premissa, para o funcionamento deles. Para que funcionasse a república antiga, para que os cidadãos aceitassem a liberdade pública em troca da liberdade individual; para que funcionasse a república moderna, para que os cidadãos renunciassem em boa parte à influência sobre negócios públicos em favor da liberdade individual — para isso, talvez fosse necessária a existência anterior do sentimento de comunidade, de identidade coletiva, que antigamente podia ser o de pertencer a uma cidade e que modernamente é o de pertencer a uma nação. Pode-se perguntar se a república sem patriotas de Hamilton poderia sobreviver sem esse sentimento, apesar de todo o aparato institucional inventado pelos fundadores. Pode-se igualmente perguntar se, no caso francês, algo da experiência revolucionária, um fenômeno que mobilizava mas que também dividia a sociedade, teria podido sobreviver sem o sentimento de nação despertado pelas guerras externas e pela cruzada civilizatória que os soldados franceses acreditavam estar realizando na Europa. O sentido da identidade seria, nesse caso, o cimento comum aos dois modelos. Em si mesmo, ele não seria suficiente para fundar uma comunidade política, por negligenciar o fato universal da diversidade e do conflito. Aí estava, provavelmente, o equívoco da proposta do positivismo ortodoxo. Mas sem ele os dois modelos também se desintegrariam.

No Brasil do início da República, inexistia tal sentimento. Havia, sem dúvida, alguns elementos que em geral fazem parte de uma identidade nacional, como a unidade da língua, da religião e mesmo a unidade política. A guerra contra o Paraguai na década de 1860 produzira, é certo, um início de sentimento nacional. Mas fora muito limitado pelas complicações impostas pela presença da escravidão. Era geral a resistência ao recrutamento, e muitos libertavam seus escravos para lutar em seu lugar. Já na República, o jacobinismo tentou mobilizar o patriotismo no Rio de Janeiro. Mas tal mobilização acabava levando mais à divisão do que à união. O alvo principal dos ataques jacobinos eram os portugueses, que constituíam 20% da população da cidade. Eram portugueses muitos comerciantes e banqueiros, mas também muitos operários que se viam, assim, excluídos da República jacobina. Um pouco mais tarde, o movimento anarquista atacou explicitamente a ideia de pátria, considerada por eles instrumento de dominação dos patrões, instrumento do controle de mercados e da divisão da classe operária.

A busca de uma identidade coletiva para o país, de uma base para a construção da nação, seria tarefa que iria perseguir a geração intelectual da Primeira República (1889-1930). Tratava-se, na realidade, de uma busca das bases para a redefinição da República, para o estabelecimento de um governo republicano que não fosse uma caricatura de si mesmo. Porque foi geral o desencanto com a obra de 1889. Os propagandistas e os principais participantes do movimento republicano rapidamente perceberam que não se tratava da república de seus sonhos. Em 1901, quando seu irmão exercia a presidência da República, Alberto Sales publicou um ataque virulento contra o novo regime, que considerava corrupto e mais despótico do que o governo monárquico. A formulação mais forte do desencanto talvez tenha vindo de Alberto Torres, já na segunda década do século: "Este Estado não é uma nacionalidade; este país não é uma sociedade; esta gente não é um povo. Nossos homens não são cidadãos".[13]

2. As proclamações da República[*]

> *A gente fica a pensar se a história*
> *não será em grande parte um*
> *romance de historiadores.*
> Tobias Monteiro[1]

Não decorrera ainda um mês da proclamação da República quando o encarregado de negócios da França no Rio de Janeiro, Camille Blondel, anotava a tentativa dos vencedores de 15 de novembro de construir uma versão oficial dos fatos destinada à história. Tentava-se, segundo Blondel, ampliar ao máximo o papel dos atores principais e reduzir ao mínimo a parte do acaso nos acontecimentos.[2] O encarregado percebera um fenômeno comum aos grandes eventos: a batalha pela construção de uma versão oficial dos fatos, a luta pelo estabelecimento do mito de origem. No caso da República, a batalha era tão importante, se não mais que a própria proclamação, um evento inesperado, rápido, incruento. Estavam em jogo a definição dos papéis dos vários atores, os títulos de propriedade que cada um julgava ter sobre o novo regime, a própria natureza do regime.

O fato de ter sido a proclamação um fenômeno militar, em boa parte desvinculado do movimento republicano civil, significa que seu estudo não pode, por si só, explicar a natureza do novo regime. O advento da República não pode ser reduzido à questão militar e à insurreição das unidades militares aquarteladas em São Cristóvão. De outro lado, seria incorreto desprezar os acontecimen-

---

[*] Versão resumida deste capítulo foi publicada em *Ciência Hoje*, 59 (nov., 1989), pp. 26-33.

tos de 15 de novembro como se fossem simples acidente. Embora as raízes da República devam ser buscadas mais longe e mais fundo, o ato de sua instauração possui valor simbólico inegável. Não foi por outra razão que tanto se lutou por sua definição histórica. Deodoro, Benjamin Constant,* Quintino Bocaiuva, Floriano Peixoto: não há inocência na briga pela delimitação do papel de cada uma dessas personagens. Por trás da luta, há disputa de poder e há visões distintas sobre a natureza da República.

AS PROCLAMAÇÕES

Não pretendo reconstituir as diferentes versões dadas pelos participantes do 15 de novembro. Basta observar que por muito tempo digladiaram-se partidários de Deodoro, Benjamin Constant, Quintino Bocaiuva, Floriano Peixoto. A disputa tomava às vezes caráter apaixonado e girava em torno de pontos aparentemente irrelevantes. Tome-se como exemplo o que se poderia chamar a guerra dos vivas. Quem deu vivas a quem, ou a quê, em que momento? As versões são desencontradas. Deodoro teria dado um viva ao imperador ao entrar no Quartel-General? Ao sair do Quartel? Benjamin Constant deu vivas à República para abafar o viva ao imperador dado por Deodoro? Teria este censurado os vivas à República dizendo que ainda era cedo ou que fossem deixados ao povo? O que significa o famoso óleo de H. Bernardelli, transformado em versão oficial e sagrada do momento da proclamação? Deodoro, que posou para o quadro, estaria naquele momento (saída do Quartel-General, após a deposição do ministério) dando vivas ao imperador ou à República? Estaria, sem vivas, mandando dar uma salva de 21 tiros pelo êxito da deposição do ministério ou pelo êxito da proclamação? Houve, afinal, algum momento no dia 15 em que Deodoro tenha proclamado a República?

Se a guerra dos vivas tem a ver com a participação de Deodoro, outras disputas dizem respeito à participação de Benjamin Constant. Todos estão de acordo em reconhecer sua influência sobre as escolas militares (a da Praia Vermelha e a Escola Superior de Guerra, criada em 1889, sediada em São Cristóvão).

* Trata-se aqui, evidentemente, do militar brasileiro, e não do teórico francês mencionado no capítulo 1.

Não há, também, dúvida sobre suas convicções republicanas, mas existem sérias discordâncias quanto à importância de sua atuação a 15 de novembro. Seus seguidores insistem em lhe dar o papel de fundador da República, de responsável pela ação dos militares; teria sido ele quem fornecera os fundamentos ideológicos, quem convencera Deodoro e evitara que o episódio não passasse de quartelada. Os deodoristas retrucam dizendo que o próprio Benjamin reconhecia que sem Deodoro nada poderia ter sido feito, pois só o velho general teria condições de galvanizar a tropa pela liderança que sobre ela exercia. Benjamin, nessa versão, não passava de um professor desconhecido de boa parte da tropa aquartelada. Os republicanos históricos, especialmente Quintino Bocaiuva, chefe do Partido Republicano Brasileiro, e Francisco Glicério, representante dos republicanos paulistas, repisam as hesitações de Benjamin tanto na véspera da proclamação como no próprio dia 15. Segundo seu depoimento, Benjamin hesitou até o final da tarde daquele dia. Os históricos tentam preservar a figura de Deodoro, ao mesmo tempo em que enfatizam o próprio papel diante da reconhecida falta de convicção republicana do marechal e das dúvidas de Benjamin.

Por fim, após a subida de Floriano ao governo, não faltaram os que atribuíssem à sua atuação o papel central no dia 15. Serzedelo Correia é o principal defensor dessa posição. A dubiedade de Floriano, apontada por muitos, ou mesmo sua hostilidade ao movimento, denunciada por deodoristas, são transformadas por Serzedelo em astúcia destinada a facilitar o êxito da revolta. A ele se deveria o fato de ter sido proclamada a República de maneira tão tranquila, sem derramamento de sangue. Ele teria sido mesmo um republicano de longa data.

Deodoro, Benjamin Constant, Quintino Bocaiuva, Floriano Peixoto: a briga persistiu por longo tempo e pode ser seguida nos artigos e editoriais de *O Paiz*, o jornal de Quintino Bocaiuva, porta-voz do oficialismo republicano. A dança dos adjetivos, definidores do papel de cada um desses homens, prossegue até os dias de hoje. A luta maior é pela qualificação de fundador, disputada pelos partidários de Deodoro e Benjamin Constant. Quintino é raramente fundador; com frequência aparece como patriarca ou apóstolo. Em torno de Floriano há mais consenso, pois veio depois: ele será o consolidador, o salvador da República. Os que tiram de Deodoro a qualidade de fundador lhe dão, em compensação, o título de proclamador. A distribuição de papéis é comentada com humor por "Gavroche" (pseudônimo de Arthur Azevedo), em *O Paiz* de 19/11/1895:

Retratos
O Nicromante, pelos modos,
Satisfazer procura a todos:
Traz Benjamin, que é o fundador,
Deodoro, que é o proclamador,
Floriano, o consolidador,
Prudente, o pacificador!
Isto é que é ser engrossador!

Picuinhas, anedotário, fofocas, *petite histoire,* simples disputa de poder entre os participantes dos acontecimentos? Se assim fosse, a disputa não teria sobrevivido aos atores envolvidos. Na luta pelo estabelecimento de uma versão oficial para o 15 de novembro, pela constituição de um panteão republicano, assim como se deu e geralmente se dá em todos os momentos de transformação política, estava embutido o conflito pela definição do novo regime. Inicialmente apenas verbal, o conflito foi aos poucos sendo explicitado em lutas políticas que seria talvez prematuro considerar extintas cem anos após o acontecimento. A análise da luta pelo mito fundador pode servir para esclarecer a natureza desse conflito.

DEODORO: A REPÚBLICA MILITAR

Que representava o deodorismo? Ele foi defendido principalmente por setores militares desvinculados da propaganda republicana. Os deodoristas eram, sobretudo, os oficiais superiores que tinham lutado na guerra contra o Paraguai. Eram os inúmeros parentes que cercavam o marechal, irmãos e sobrinhos, um dos quais lhe abriu os portões do Quartel-General a 15 de novembro.[3] Eram os jovens oficiais que fizeram a mobilização das tropas de São Cristóvão, o 1º e o 9º Regimentos de Cavalaria e o 2º Regimento de Artilharia, e a Escola Superior de Guerra. Salientaram-se nesse grupo o capitão Mena Barreto (que sofreu uma síncope de tanto gritar vivas à República no Campo de

Santana, e que acordou o visconde de Ouro Preto na prisão dizendo-lhe que ia ser fuzilado), o capitão Trajano Cardoso, o tenente Sebastião Bandeira, o alferes Joaquim Inácio Batista Cardoso (que propôs fuzilar o imperador), o alferes Manuel Joaquim Machado, o cadete-sargento Plácido de Abreu. Estes, menos o último, chegaram a se reunir logo após o 15 de novembro para estabelecer o que consideravam a verdade sobre os fatos e combater o esforço dos que tentavam, segundo eles, deturpar a história em proveito próprio.[4] Os mais vocais do grupo foram Mena Barreto e Sebastião Bandeira. Anos depois, já feitos generais, ainda disputavam a versão dos fatos.

Para esse grupo, a proclamação foi ato estritamente militar, corporativo, executado sob a liderança insubstituível de Deodoro. Os civis pouco ou nada influíram. Eram poucos no Campo de Santana e nem mesmo organizaram adequadamente a *mise-en-scène*: "[...] os chefes republicanos nem sequer prepararam a encenação para o momento psicológico", diz Sebastião Bandeira, dando razão a Aristides Lobo em sua famosa descrição da maneira como o povo presenciou a proclamação.[5] A visão desses jovens oficiais não positivistas coincidia com a do próprio Deodoro e dos oficiais superiores que participaram da Guerra do Paraguai, muitos dos quais se tinham depois envolvido na Questão Militar. A República, para esse grupo, era o ato final da Questão Militar, sua solução definitiva pela eliminação de um regime que, segundo eles, era dominado por uma elite bacharelesca infensa aos interesses castrenses, desrespeitosa dos brios militares.

O tema corporativo foi decisivo para convencer Deodoro a participar do movimento. É conhecida sua resistência à admissão de civis — paisanos, casacas, como dizia — na conspiração. Alegava tratar-se de assunto estritamente militar. Exerceram também influência decisiva no desencadeamento do movimento as notícias inventadas no dia 14 pelo major Sólon sobre a prisão de Deodoro e Benjamin, e os boatos de que a tropa de São Cristóvão seria atacada pela Guarda Nacional, pela Guarda Negra e pela polícia. De fato, Ouro Preto decidira reorganizar a Guarda Nacional e fortalecer a polícia como contrapeso à indisciplina do Exército, mas era certamente falso que pretendesse reduzir o contingente do Exército, ou mesmo extingui-lo, como se disse a Deodoro. A cada notícia dessas, trazida pelos jovens oficiais, Deodoro explodia: "Não permitirei isso! Assestarei a artilharia, levarei os sete ministros à praça pública e me entregarei depois ao povo para julgar-me!".[6] Até mesmo Floriano Peixoto pode ter sido levado a não defender a Monarquia por razões corporativas. É conhecida sua resposta a Deodoro quando este o sondou sobre o movimento: "Se a coisa é contra os casacas, lá tenho minha espingarda velha". Deodoro menciona também outra manifestação de Floriano em que este, pegando num botão da farda, dissera: "Seu Manuel, a Monarquia é inimiga disto. Se for para derrubá-la, estarei pronto".[7]

Esse grupo não tinha visão elaborada de república, buscava apenas posição de maior prestígio e poder, a que julgava ter o Exército direito após o esforço de guerra contra o Paraguai. A elite política imperial, apesar das muitas indicações de insatisfação militar, não abriu mão de seu civilismo, de sua crença na necessidade do predomínio da autoridade civil. A postura de Ouro Preto é indicativa de tal convicção levada a ponto de quase cegueira política. Em circunstâncias normais, o imperador, valendo-se até mesmo de suas relações pessoais, servia de anteparo às queixas militares. Mas desde 1887 o diabetes lhe tirara a capacidade de governar. Durante a Questão Militar, em 1887, Pelotas já usara esse argumento para "pôr as tropas na rua": o imperador não tinha mais vontade.[8] Surgido o espírito de corpo, e tendo desaparecido a possibilidade da relação privilegiada dos chefes com o imperador, ficavam os militares diante do gabinete e do parlamento, isto é, da elite política civil, que sempre se orgulhara de ter mantido o Brasil afastado do estilo caudilhista predominante nas repúblicas vizinhas, indicador de barbárie política. No dia 16 de novembro, ao receber o mensageiro de Saraiva, indicado como novo presidente do Conselho, Deodoro diz que já era tarde, que a República fora proclamada e que os culpados eram Ouro Preto e o conde D'Eu, este por não ter impedido, com sua influência, que os ministros oprimissem os militares.[9] A posição do grupo pode ser resumida na frase de Deodoro a Ilha Moreira às vésperas do movimento: a República é a salvação do Exército.[10]

O deodorismo aparece com nitidez no conhecido óleo de H. Bernardelli que representa a proclamação da República. O quadro é totalmente dominado pela imagem equestre do marechal, que ocupa todo o primeiro plano. *Fig. I* As outras figuras aparecem ao fundo e em postura secundária. Lá estão Benjamin, em pé de igualdade com Quintino Bocaiuva, ambos a cavalo, e, a pé, Aristides Lobo. O estilo do quadro é o da clássica exaltação do herói militar, elevado sobre os comuns mortais montando fogoso animal. É a exaltação do grande homem vitorioso, fazedor da história. A ênfase personalista é ainda maior do que a do quadro de Pedro Américo sobre a proclamação da Independência. Aí a figura de Pedro I aparece interagindo com várias outras. Há ação coletiva no quadro de Pedro Américo, ação que está ausente no de Bernardelli, talvez mesmo porque houvesse menor necessidade de afirmar o papel do primeiro imperador nos acontecimentos. Só falta ao quadro de Bernardelli a espada, o símbolo da ação militar. Mas a falta se deve certamente ao fato de ter Deodoro posado para o quadro. A 15 de novembro, ele não levava espada, apesar de depoimentos em contrário. Representá-lo erguendo a espada coruscante, como queria o major Jacques Ourique, seria violar por demais a verdade dos fatos. Já bastava a dúvida sobre o sentido do gesto de erguer o boné.

BENJAMIN CONSTANT: A REPÚBLICA SOCIOCRÁTICA

Os defensores da preponderância de Benjamin Constant na proclamação representavam uma corrente política e ideológica muito distinta. A diferença aparece já nos adjetivos com que Benjamin era descrito, ou endeusado. Junto da qualificação de fundador, disputa direta com Deodoro, apareciam outras que melhor descreviam o papel a ele atribuído. Era o catequista, o apóstolo, o evangelizador, o doutrinador, a cabeça pensante, o preceptor, o mestre, o ídolo da juventude militar. Benjamin não aparece em primeiro lugar como representante da classe militar, como vingador e salvador do Exército. Aparece como o professor, o teórico, o portador de uma visão da história, de um projeto de Brasil. A ele se deveria o fato de o 15 de novembro ter ido além de uma quartelada destinada a derrubar o ministério de Ouro Preto, de se ter transformado em mudança de regime, em revolução, em salvação da pátria.

A exposição mais elaborada dessa vertente foi feita pelos positivistas ortodoxos. Benjamin desentendera-se com Miguel Lemos, desligando-se da então Sociedade Positivista em 1882, mas mantivera relação amistosa com os chefes da ortodoxia. Logo após a proclamação, no dia 17 de novembro, foi por estes procurado, tendo mantido com eles contato estreito até sua morte, em 1891. Um ano depois, Teixeira Mendes publicava sua biografia. Nesta, Benjamin é colocado no panteão cívico do Brasil, ao lado de Tiradentes e José Bonifácio. Tiradentes na Inconfidência, José Bonifácio na Independência, Benjamin na

República, era essa, para os ortodoxos, a trindade cívica que simbolizava o avanço da sociedade brasileira em direção a seu destino histórico, que era também a plenitude da humanidade em sua fase positiva.[11]

Sem dúvida, o elemento corporativo foi também manipulado por Benjamin e seus seguidores. A exaltação dos alunos da Escola Militar e da Escola Superior de Guerra tinha muito de corporativa, de anticivil. Falava-se o tempo todo em desagravo aos brios militares. Mas, para Benjamin, o Exército era antes um instrumento do que o fim da ação. Daí talvez suas hesitações no dia 15. Como positivista, embora não ortodoxo, nada tinha de militarista, repugnava-lhe a ideia do predomínio da força na política. Pacifista, sonhava com o fim dos exércitos, com o recolhimento de todas as armas ao museu da história. Não deixava de ser irônico que o Exército fosse usado para atingir um estado social que o rejeitava. Sílvio Romero apontou na época essa incongruência. Militarismo e positivismo eram, segundo ele, duas coisas que "hurlent de se trouver ensemble". Os ortodoxos reprovaram a Benjamin a maneira como foi feita a República. Para eles, a transição deveria ter sido completada pela elite imperial, o imperador à frente. Mas essa convicção não impediu Teixeira Mendes, no próprio dia 15, de exortar os republicanos aos gritos: "Proclamem a ditadura! Proclamem a ditadura!". Nem elimina o fato de que, por trás do apoio a Benjamin, havia uma visão elaborada de república.[12]

Tal visão conflitava não só com o deodorismo mas também, e principalmente, com a posição de boa parte dos históricos. Falava-se na divisão entre as correntes democrática e sociocrática, entendendo-se por democrática a posição dos históricos não positivistas, partidários de uma república representativa à maneira americana, ou talvez mesmo à maneira da Terceira República Francesa. Os sociocráticos, ou positivistas, eram inimigos abertos da democracia representativa, para eles característica do estado metafísico da humanidade. Em seu lugar, deveria ser implantada a ditadura republicana, forma de governo inspirada tanto na tradição clássica romana como na figura do Danton dos tempos do Comitê de Salvação Pública da Revolução Francesa. O Congresso, nesse modelo, cumpria apenas papel orçamentário. O ditador republicano governaria por toda a vida e escolheria seu sucessor. A finalidade de tal ditadura era promover a república social, isto é, garantir, de um lado, todas as liberdades espirituais e promover, de outro, a incorporação do proletariado à sociedade, mediante a eliminação dos privilégios da burguesia.

Em sua forma pura, a vertente ligada a Benjamin Constant ficou restrita às propostas dos ortodoxos e não encontrou aplicação prática. Mas contribuiu para várias medidas dos primeiros anos da República, sobretudo a separação entre Igreja e Estado, a introdução do casamento civil, a secularização dos cemitérios, o início do contato com o operariado, a reforma do ensino militar. A ideia de uma república ditatorial, social e virtuosa, e a oposição à representação política, à elite bacharelesca, permitiram uma fusão parcial dessa corrente com o jacobinismo que surgiu durante o governo Floriano e marcou a política republicana até 1897. Embora Floriano fosse católico e aborrecesse o positivismo, o estilo de governo que representou — autoritário, anticasacas, contra o grande capital, moralista (ao menos na aparência), populista — tinha vários pontos de contato com a proposta positivista, embora essa doutrina estivesse em contradição com o militarismo.

Se a república dos deodoristas resumia-se à salvação do Exército, a república da vertente Benjamin Constant queria a salvação da pátria. Ela absorvia do positivismo uma visão integrada da história, uma interpretação do passado e do presente e uma projeção do futuro. Incorporava, ainda, uma tendência messiânica, a convicção do papel missionário que cabia aos positivistas, tanto militares como civis. A história tinha suas leis, seu movimento predeterminado em fases bem definidas, mas a ação humana, especialmente a dos grandes homens, poderia apressar a marcha evolutiva da humanidade. Essa marcha, no caso brasileiro, passava pelo estabelecimento de uma república que garantisse a ordem material, entendida como incorporação do proletariado à sociedade, e a liberdade espiritual, isto é, a quebra dos monopólios da Igreja e do Estado sobre a educação, a religião, a ciência.

Os ortodoxos civis pensavam realizar tudo isso pela ação de pessoas que possuíssem treinamento técnico, médicos, engenheiros, matemáticos. Uma vanguarda aguerrida assim composta poderia, segundo eles, operar a grande transformação. Era uma espécie de bolchevismo de classe média, que será discutido adiante. Muitos positivistas não se conformavam, no entanto, com o uso exclusivo da tática do convencimento. Engajaram-se na luta política, em conspirações e revoltas, embora tivessem de enfrentar a reprovação e até a excomunhão do Apostolado. Foi o caso de Silva Jardim, Benjamin Constant e outros. O mesmo se deu no positivismo militar, especialmente no das escolas militares, que entraram num estado quase permanente de agitação política,

5. Monumento a Benjamin Constant, Décio Villares, Rio de Janeiro.

6. *Monumento a Floriano Peixoto,
Eduardo de Sá, Rio de Janeiro.*

7. Detalhe do monumento ao lado.

interrompido apenas em 1904, por ocasião da Revolta da Vacina. O jacobinismo civil, crescido em torno de Floriano, também não se prendia às restrições dos ortodoxos.[13]

A vertente positivista deixou sua marca em vários monumentos republicanos, salientando-se os dedicados a Benjamin Constant, localizado na praça da República, no Rio de Janeiro; a Floriano Peixoto, na Cinelândia, também no Rio; e a Júlio de Castilhos, em Porto Alegre, todos obras dos artistas positivistas Eduardo de Sá e Décio Villares. Semelhantes na concepção, os três constituem verdadeiros discursos políticos. Obedecem não só às ideias políticas e filosóficas de Comte mas também a suas concepções estéticas, segundo as quais a arte deve ser a idealização da realidade, a exaltação do lado altruísta e afetivo do ser humano, deve promover o culto cívico da família, da pátria e da humanidade. O culto cívico, no caso brasileiro, segundo a orientação do Apostolado positivista, incluía, além da bandeira republicana, desenhada por Décio Villares, as figuras de Tiradentes, José Bonifácio e Benjamin Constant.

8. Monumento a Júlio de Castilhos,
Décio Villares, Porto Alegre.

9. Detalhe do monumento ao lado.

O monumento a Benjamin Constant, executado por Décio Villares e inaugurado em 1925, já fora proposto por Teixeira Mendes em 1892. Proposto e concebido. Segundo Teixeira Mendes, Benjamin devia sem dúvida ser mostrado em sua atuação de 15 de novembro, mas era preciso ficar explícito que agia "sustentado moralmente pela Família e impulsionado pela Pátria, no serviço da Humanidade". A figura simbólica da República, representada por uma mulher, deveria dominar o monumento. Benjamin deveria aparecer tendo cruzada sobre o peito a bandeira republicana, com destaque para o lema "Ordem e Progresso". Baixos-relevos representariam cenas da vida do herói.[14] A obra de Décio Villares seguiu em quase tudo as indicações de Teixeira Mendes. A única modificação significativa, que não foge à simbologia positivista, foi a substituição da Pátria no alto do monumento pela Humanidade, representada também por uma mulher, agora com uma criança ao colo. Benjamin está voltado para o Quartel-General, tendo por trás a bandeira. Nos medalhões e baixos-relevos nas quatro faces do monumento, aparecem cenas de sua vida, incluindo o momento do 15 de novembro em que é colocado ao lado de Deodoro, em pé de igualdade, fazendo mesmo certo contraponto com a figura do marechal: enquanto este está de boné erguido, Benjamin mantém o seu abaixado. Aparecem nos medalhões as figuras de Tiradentes e José Bonifácio. Em um dos baixos-relevos, na parte posterior, há referência à Revolução Francesa, na figura de Danton. Num dos medalhões mais arrojados, Cristóvão Colombo preside a uma cerimônia em que Benjamin Constant devolve ao presidente Francia os troféus da Guerra do Paraguai. O bronze utilizado proveio da fundição de dois canhões, um brasileiro, outro paraguaio. Por todo o monumento, há reprodução de lemas positivistas e frases de Benjamin Constant, tais como "A religião da Humanidade é a minha religião".

Visão semelhante está embutida no monumento a Floriano Peixoto, obra de Eduardo de Sá. A obra foi inaugurada em 1910, mas o edital é de 1901. A figura de Floriano é colocada no alto do pedestal, em composição intitulada *Guarda à bandeira*. Como no monumento anterior, a bandeira republicana forma o pano de fundo da estátua. Nela, em baixo-relevo, estão as cabeças de Tiradentes e José Bonifácio e o busto de Benjamin Constant. À esquerda, uma figura de jovem mulher estende a mão direita, abençoando o passado e apontando para o futuro da pátria. A base do monumento tem a forma de altar cívico, referência aos altares erguidos em Paris após a Revolução de 1789. Nos nichos do altar, foram colocados quatro grupos em bronze e uma estátua. Os grupos representam as três raças formadoras da população brasileira e a religião católica, mediante a referência a poemas famosos de nossa literatura. Lá estão *O Caramuru* (raça branca), *A cachoeira de Paulo Afonso* (raça negra), *Y-Juca Pirama* (raça amarela) e *Anchieta* (catolicismo). A figura de mulher, com uma rosa na mão, pretende significar a raça mista surgida da fusão das três etnias e o predomínio do sentimento e do amor. Painéis em baixo-relevo mostram colaboradores da obra de Floriano. Eram tantas as figuras que, segundo Francisco de Assis Barbosa, se dizia à época que Floriano do topo do monumento parecia gritar: "Aqui não sobe mais ninguém!".[15]

O monumento provocou larga controvérsia. Reclamava-se do caráter sectário de sua concepção, de representar a tentativa de uma corrente de pensamento, de uma facção política, de se apossar indevidamente de figura que pertencia a todos os republicanos. A polêmica entende-se pelo fato de não ter sido Floriano um positivista, ao contrário de Benjamin Constant e Júlio de Castilhos. O monumento era, de fato, uma tentativa positivista de se apropriar de sua memória. Não deixa de ser significativo que Floriano tenha sido colocado no monumento guardando a bandeira republicana concebida pelos positivistas. Floriano, é sabido, não gostava da bandeira e chegou mesmo a encorajar, quando presidente, um projeto de lei que propunha modificá-la, retirando o lema positivista, como se verá adiante.[16] Não difere muito na concepção o monumento a Júlio de Castilhos, inaugurado em Porto Alegre em 1913. A obra é do mesmo Décio Villares que executou o de Benjamin Constant e compõe-se de uma pirâmide em cujo topo domina a figura da República em forma de mulher, tendo aos pés um globo onde se distinguem 21 estrelas, que representam a Federação, e o indefectível "Ordem e Progresso". Na base da pirâmide, nos quatro lados, aparecem várias cenas da vida de Júlio de Castilhos, além das tradicionais referências a Tiradentes, a José Bonifácio e à Revolução Francesa. Lemas positivistas distribuem-se pelo monumento.[17]

QUINTINO BOCAIUVA: A REPÚBLICA LIBERAL

Quintino Bocaiuva representava em 1889 a propaganda republicana inaugurada com algum estardalhaço pelo Manifesto de 1870, redigido em grande parte por ele. Em maio de 1889, durante o Congresso Republicano Federal realizado em São Paulo, Quintino fora eleito chefe do Partido Republicano Brasileiro, posição que lhe dava representação dos republicanos paulistas e de outras províncias. Por essa razão, embora houvesse divergências dentro do partido quanto aos métodos a serem empregados para a mudança do regime, a 15 de novembro ele representava todos os propagandistas civis.

A defesa de seu papel era mais problemática do que a da participação das duas facções militares, pelo simples fato de que o 15 de novembro foi ação decidida e levada a efeito pelos militares. Os republicanos civis foram colocados a par da conspiração apenas quatro dias antes de seu desfecho. Mesmo assim, como vimos, contra a vontade de Deodoro. Para a legitimidade do movimento, no entanto, era importante que ele não aparecesse como simples ação militar. Era fundamental que a presença dos históricos constasse do próprio evento, a fim de evitar a ironia de uma proclamação alheia ao esforço que desenvolviam havia tantos anos.

A aliança com militares para implantar a república fora discutida entre os propagandistas. Quintino Bocaiuva era quem mais defendia tal alternativa. Ele próprio confessou que não se dispunha a ir para a rua sem o "botão amarelo": "Sem a força armada ao nosso lado, qualquer agitação de rua seria não só um ato de loucura [...] mas principalmente uma derrota antecipada".[18] Era, por isso mesmo, chamado de militarista nos círculos republicanos. Outro que aceitava a colaboração era Francisco Glicério, que Campos Sales enviou ao Rio ao ser avisado por Aristides Lobo dos planos conspiratórios. Havia os que discordavam da alternativa, seja por defenderem a implantação da república pela via revolucionária, pela revolta popular, caso de Silva Jardim, seja por a desejarem pela revolução pacífica, como Américo Brasiliense, Bernardino de Campos, Saldanha Marinho e talvez a maioria dos republicanos paulistas. É sintomático o fato de que nem Silva Jardim nem Saldanha Marinho tenham sido postos a par da conspiração.

Um dos grandes problemas dos históricos era a situação do partido no Rio de Janeiro. Seu chefe tradicional e respeitado, Saldanha Marinho, não o conseguia disciplinar, dadas as divisões entre as várias correntes — evolucionistas, revolucionárias, civilistas, militaristas. Os paulistas inquietavam-se com a situação do Rio. Em 1887, Campos Sales escrevia a Saldanha Marinho: "[...] o atraso da ideia republicana no Brasil é devido quase que totalmente à falta de uma boa organização na capital do Império".[19] Ao final de 1888, início de 1889, o partido estava em crise no Rio. Saldanha escrevia aos paulistas ameaçando renunciar. Segundo ele, no Rio havia apenas um simulacro de partido. Discipliná-lo, acrescentava, "era tarefa superior às *forças de qualquer*".[20] O desânimo em relação às possibilidades de uma ação eficaz por parte do grupo republicano do Rio de Janeiro era partilhado também pelos radicais do grupo. No congresso do partido realizado em 1888, Barata Ribeiro, o futuro prefeito florianista da cidade, manifestava seu ceticismo, afirmando que era das províncias que se devia esperar a vitória do movimento. O Rio de Janeiro poderia, no máximo, contribuir com a pirotecnia.[21]

Foi a pirotecnia que os deodoristas pediram aos republicanos no dia 15. Segundo o tenente Bandeira, nem esta foi bem organizada, valendo-lhe, para tal afirmativa, a observação do histórico Aristides Lobo. Essa versão dos acontecimentos era incômoda demais para os civis, mesmo para os militaristas como Quintino Bocaiuva. A presença militar era inegável, mas fazia-se necessário transformá-la em mero instrumento dos desígnios dos históricos. A posição de Deodoro lhes era simpática exatamente por ser corporativa. Deodoro representava o apoio da corporação militar sem interferência na concepção do novo regime e mesmo em seu funcionamento. Bastava aos históricos salientar as hesitações do marechal na reunião de 11 de novembro e após a deposição do ministério de Ouro Preto. Nos dois momentos, Quintino Bocaiuva aparece, na versão do grupo, como a pessoa que faz Deodoro decidir-se a favor da república. No dia 15, Quintino teria convencido o major Sólon a dizer a Deodoro que não recolocaria a espada na bainha enquanto a república não fosse inequivocamente proclamada.

Mais importante do que afirmar a posição dos históricos frente a Deodoro, era afirmá-la frente a Benjamin Constant. Se a glorificação de Deodoro era compatível com a proposta dos históricos, ou pelo menos de um grupo deles, a de Benjamin não o era, de vez que representava, além da interferência militar, uma concepção de república, uma determinação de orientar os rumos do novo regime. Os rumos de Benjamin eram os rumos positivistas. Se havia históricos positivistas, especialmente no Rio Grande do Sul, eles não predominavam no Rio e muito menos em São Paulo, onde estava o peso maior do movimento. A república sociocrática dos positivistas era incompatível com a república democrática dos paulistas, isto é, com a república representativa à maneira norte--americana. Esta, para os positivistas, era um regime metafísico, uma ditadura parlamentar, uma burguesocracia. Os grandes adversários ideológicos dos históricos eram os positivistas e não os deodoristas.

Não é de estranhar, então, que a versão de Quintino Bocaiuva e de Francisco Glicério buscasse reduzir o papel de Benjamin, mais do que o de Deodoro. Benjamin é aí apresentado como um ingênuo, vítima de "indecisão natural e constante". No lugar do líder que os positivistas apresentavam como o firme antídoto às hesitações de Deodoro, como aquele que, nos momentos decisivos, especialmente a 11 e 15 de novembro, garante que o movimento não seja apenas uma quartelada, aparecia um Benjamin quase tão hesitante quanto Deodoro, se não mais. No dia 14, diante do agravamento do estado de saúde do marechal, Benjamin se teria mostrado totalmente desanimado, propondo adiar o movimento ou já quase resignado ao fracasso da causa, preocupado com as consequências da represália que certamente cairia sobre os militares.[22]

Segundo Quintino, foi sua decisão, apoiada por Sólon, que levou à proclamação, inventando os boatos deflagradores da movimentação dos regimentos de São Cristóvão e, assim, definindo a situação. Diz mesmo que a República se fez no dia 14, às seis da tarde, no largo de São Francisco, durante sua reunião com Sólon. Sua decisão, o arrojo de Sólon, o heroísmo de Deodoro — eis, segundo ele, os ingredientes que fizeram a República. A decisão é dos históricos, é do chefe do Partido Republicano; os militares são os instrumentos livremente aceitos para implementá-la. Quintino sugere que a própria Questão Militar teria sido parte da tática republicana de agitar os quartéis contra o governo. Sena Madureira, "nosso companheiro", teria dado início ao conflito com tal finalidade.

Há mais. Segundo os históricos, a hesitação de Benjamin fez-se ainda maior após a deposição do ministério. Até o final da tarde do dia 15 não tinha havido nenhuma manifestação formal de proclamação da República por parte da liderança militar do movimento. A manifestação da Câmara Municipal, liderada por José do Patrocínio, pedia exatamente isto: a decretação inequívoca do novo regime. A uma comissão que se dirigia à casa de Deodoro para exigir tal medida, Benjamin respondera da janela (Deodoro achava-se de cama, atacado de nova crise de dispneia) que não se podia impor ao país um regime novo, que era necessário consultar a população por meio de um plebiscito. Isso deu margem a que um dos sobrinhos de Deodoro, participante direto dos acontecimentos, o capitão Mário Hermes da Fonseca, se referisse a Benjamin Constant como o "homem do plebiscito".[23]

A afirmação do papel dos históricos era, portanto, importante para garantir a posição dos civis na proclamação e a perspectiva liberal da República. Mas era impossível negar o aspecto militar do evento e o caráter inesperado de sua eclosão. Todos os jornais do Rio registraram esses dois elementos. Um compilador das notícias publicadas nos primeiros dias da República reconhece "o sentimento de surpresa unânime, produzido pelo estabelecimento da forma republicana no Brasil".[24] Arthur Azevedo, republicano insuspeito, diz que a expressão de Aristides Lobo — bestificado (sic) — era de uma propriedade cruel, pois "os cariocas olhavam uns para os outros, pasmados, interrogando-se com os olhos sem dizer palavra". Ao voltar para casa, às duas da madrugada, tudo era calmo e deserto no Rocio (praça Tiradentes). Cantando, quatro garis varriam a rua do Espírito Santo. Ao vê-los, o teatrólogo pensou: "Esses homens não sabiam, talvez, que naquele dia houvera uma revolução".[25]

O caráter militar da operação era também por demais evidente para ser negado. O que o povo da cidade viu foi, como disse Aristides, uma parada militar liderada por Deodoro. Após a deposição do ministério no Campo de Santana, a parada seguiu pela rua da Constituição, passando pelo Rocio, pela rua do Teatro, pelo largo de São Francisco e pelas ruas do Ouvidor e 1º de Março, até o Arsenal da Marinha e a rua larga de São Joaquim (hoje Marechal Floriano), de onde regressou aos quartéis de São Cristóvão. Nesse percurso, a parada era seguida por grupos de populares, arengados por Lopes Trovão e Patrocínio na rua do Ouvidor. Pela rua 1º de Março, segundo Arthur Azevedo, o cortejo passou em profundo silêncio. Deodoro parecia um herói derrotado, mal se sustentando na sela, a cara fechada, de cor ferrosa puxando para o verde.[26]

Na Assembleia Constituinte, houve frequentes debates sobre a natureza militar da proclamação. Alguns civis, como Costa Júnior, queixavam-se das afirmações quase diárias de que a proclamação se devera exclusivamente aos militares, versão que considerava deprimente ao caráter nacional. Mas não eram só os militares constituintes, como o major Espírito Santo, que afirmavam a supremacia de sua classe nos eventos. Republicanos históricos não comprometidos com a criação de uma versão "menos deprimente" admitiam abertamente o fato. Foi o caso do desabusado Martinho Prado Júnior, o qual dizia sem peias que "os militares fizeram a república" e criticava os civis por se terem submetido aos desígnios dos quartéis. A interferência militar, segundo ele, tornara possível a proclamação do novo regime quando os republicanos eram parte insignificante da população. Daí também, segundo ele, a quase nenhuma diferença entre o regime antigo e o novo. Não era a república de seus sonhos.[27]

Em tais circunstâncias, era difícil, se não impossível, elaborar um mito de origem baseado na predominância civil. Como construir um monumento à proclamação em que Quintino, Glicério ou Aristides Lobo aparecessem como figuras principais? Mesmo dentro da estética positivista, em que a idealização era a regra, tal obra careceria de um mínimo de credibilidade. No dia 15, os civis apareceram no fundo da cena, como atores coadjuvantes, figurantes, encarregados da pirotecnia. Seu momento de maior presença foi a breve e algo tumultuada cena na Câmara Municipal. Mas, além de a cerimônia não ter sido decisiva para o desfecho da situação, seu herói não era convincente. Patrocínio, o vereador que promoveu o ato, ainda havia pouco criticava violentamente os republicanos e era por eles odiado por suas ligações com a Guarda Negra.

Além de exibir um herói errado, a cerimônia ostentava também um símbolo errado. A bandeira que Patrocínio hasteou no prédio da Câmara era a do Clube Republicano Lopes Trovão, imitação da bandeira americana, que quatro dias depois seria substituída pela versão positivista tornada oficial.

Fig. XIV

Se nenhum líder republicano civil teve qualquer gesto que pudesse ser imortalizado pela arte, o povo também esteve longe de representar um papel semelhante ao que lhe coube na Revolução Francesa de que tanto falavam os republicanos. Apesar dos esforços de Silva Jardim, nem ele próprio foi admitido ao palco no dia 15. O povo seguiu curioso os acontecimentos, perguntou-se sobre o que se passava, respondeu aos vivas e seguiu a parada militar pelas ruas. Não houve tomadas de bastilhas, marchas sobre Versalhes nem ações heroicas. O povo estava fora do roteiro da proclamação, fosse este militar ou civil, fosse de Deodoro, Benjamin ou Quintino Bocaiuva. O único exemplo de iniciativa popular ocorreu no final da parada militar, quando as tropas do Exército deixavam o Arsenal da Marinha para regressar aos quartéis. Os populares que acompanhavam a parada pediram a Lopes Trovão que lhes pagasse um trago. A conta de quarenta mil-réis acabou caindo nas costas do taverneiro, pois Lopes Trovão só tinha onze mil-réis no bolso. O anônimo comerciante tornou-se, sem querer, o melhor símbolo do papel do povo no novo regime: aquele que paga a conta.[28]

As tentativas de construir o mito original da República revelam as contradições que marcaram o início do regime, mesmo entre os que o promoveram. Contradições que não desapareceram com o correr do tempo. A divisão entre as correntes militares teve longa vida. Não seria despropositado, por exemplo, ver no movimento dos tenentes, iniciado em 1922, assim como nas agitações nacionalistas lideradas pelo Clube Militar na década de 1950, ressonância explícita da vertente positivista. Em 1930, falava-se abertamente na implantação de uma ditadura republicana. Na década de 1950, eram frequentes as referências a Benjamin Constant e ao intenso envolvimento político dos militares que caracterizou o final do Império e o início da República. Havia até mesmo, nos anos 1950, militares remanescentes do positivismo ortodoxo, como os generais Horta Barbosa e Rondon.

No entanto, houve entre os militares um grande esforço para eliminar a divisão. O deodorismo viu-se reforçado pelas tentativas profissionalizantes levadas a cabo pelos oficiais treinados na Alemanha e pela Missão Francesa. Na década de 1930, essa corrente colocou o profissionalismo a serviço da intervenção política, mediante a ação de Góes Monteiro. É conhecida a crítica de Góes à influência positivista no Exército. Ele a considerava fator de corrosão do espírito e da capacitação profissionais. O Estado Novo levou a batalha pela união ao campo simbólico. A estátua de Benjamin Constant foi deslocada de sua posição central na praça da República, em frente ao Quartel-General, e ficou quase escondida em meio às árvores da praça. Mas, como sinal dos tempos, nem Deodoro nem Floriano ocuparam o lugar de Benjamin. Para o novo projeto militar, era necessária uma figura que não dividisse, que fosse o próprio símbolo não só da união militar mas da união da própria nação. O candidato teve de ser buscado no Império: Caxias. O duque passou a representar a cara nacional conservadora da República.[29]

Se os militares conseguiram, afinal, eliminar boa parte de suas divergências, permaneceram as divisões entre os civis, e entre estes e os militares. Uma das razões do fracasso das comemorações do centenário da República pode estar exatamente no embaraço que elas causavam após vinte anos de governo militar. Para os civis, saídos de longa luta pela desmilitarização da República, era difícil voltar a falar nos generais que a implantaram e que a consideravam sua propriedade. Para os militares como instituição, também não interessava retomar as divergências que marcaram os momentos iniciais do regime, que incluíam não apenas conflitos dentro do Exército, mas também entre o Exército e a Armada.[30]

O mito da origem ficou inconcluso, como inconclusa ficara a República.

3. Tiradentes: um herói para a República*

A luta em torno do mito de origem da República mostrou a dificuldade de construir um herói para o novo regime. Heróis são símbolos poderosos, encarnações de ideias e aspirações, pontos de referência, fulcros de identificação coletiva. São, por isso, instrumentos eficazes para atingir a cabeça e o coração dos cidadãos a serviço da legitimação de regimes políticos. Não há regime que não promova o culto de seus heróis e não possua seu panteão cívico. Em alguns, os heróis surgiram quase espontaneamente das lutas que precederam a nova ordem das coisas. Em outros, de menor profundidade popular, foi necessário maior esforço na escolha e na promoção da figura do herói. É exatamente nesses últimos casos que o herói é mais importante. A falta de envolvimento real do povo na implantação do regime leva à tentativa de compensação, por meio da mobilização simbólica. Mas, como a criação de símbolos não é arbitrária, não se faz no vazio social, é aí também que se colocam as maiores dificuldades na construção do panteão cívico. Herói que se preze tem de ter, de algum modo, a cara da nação. Tem de responder a alguma necessidade ou aspiração coletiva, refletir algum tipo de personalidade ou de comportamento que corresponda a um modelo coletivamente valorizado. Na ausência de tal

---

* Versão resumida deste capítulo foi publicada no *Jornal do Brasil*, 2/12/1989.

sintonia, o esforço de mitificação de figuras políticas resultará vão. Os pretendidos heróis serão, na melhor das hipóteses, ignorados pela maioria e, na pior, ridicularizados.

No caso brasileiro, foi grande o esforço de transformação dos principais participantes do 15 de novembro em heróis do novo regime. As virtudes de cada um foram cantadas em prosa e verso, em livros e jornais, em manifestações cívicas, em monumentos, em quadros, em leis da República. Seus nomes foram dados a instituições, a ruas e praças de cidades, a navios de guerra. Quadros como o de Henrique Bernardelli, exaltando Deodoro, foram expostos à admiração pública.

Deodoro era o candidato mais óbvio ao papel de herói republicano. Não apenas pela indisputada chefia do movimento militar que derrubou a Monarquia, mas também por certos aspectos de sua atuação na jornada de 15 de novembro. O velho militar, moribundo na véspera, mal se mantendo na sela, pondo-se à frente da tropa, entrando desassombradamente no Quartel-General: sem dúvida, havia aí ingredientes de heroicidade. Mas contra ele militavam fatores poderosos. A começar por seu incerto republicanismo, manifesto no próprio dia 15, seu jeito de general da Monarquia, sua figura física, que lembrava a do outro ilustre velho, o imperador. Era ainda militar demais para que pudesse ter penetração mais ampla. Nas lutas que envolveram o início da República, uma figura tão identificada com o Exército dividia tanto quanto unia.

Outro candidato era Benjamin Constant. Seu republicanismo era inatacável. Mas o problema com ele é que não tinha figura de herói. Não era líder militar nem líder popular. Na maldosa caracterização de Eduardo Prado, era um general incruento e um sábio inédito, exibindo "sob a espada virgem um livro em branco".[1] Por mais que os positivistas, hábeis fabricadores de símbolos, tentassem promovê-lo a um dos componentes da trindade cívica nacional, ao lado de Tiradentes e José Bonifácio, seu apelo era ainda mais limitado que o de Deodoro. No Exército, atingia apenas a juventude militar, alunos das escolas e jovens oficiais; no meio civil, contava quase só com os positivistas.

Candidato mais sério que Benjamin era Floriano Peixoto. Apagado no início, suspeito a monarquistas e republicanos, adquiriu dimensão maior a partir da Revolta da Armada no Rio de Janeiro e da Revolta Federalista no sul do país. Sua resistência às revoltas inspirou o jacobinismo republicano do Rio de Janeiro, movimento que pela primeira vez deu à República tintas populares.

Para os jacobinos, civis e militares, era ele sem dúvida o herói republicano por excelência. A força de seu apelo, pelo menos no Rio de Janeiro, ainda pode ser detectada na memória popular.[2] Mas, se não dividia civis e militares, dividia os militares (Exército contra Marinha) e os civis (jacobinos contra liberais). As mesmas atitudes exaltadas pelos jacobinos como reveladoras de pureza e bravura republicanas eram tachadas de sanguinárias e despóticas pelos republicanos liberais. Floriano poderia ser o herói de um tipo de república, a jacobina, mas não da República que aos poucos se foi construindo.

Assim, o esforço de promoção desses candidatos a heróis resultou em muito pouco. A pequena densidade histórica do 15 de novembro (uma passeata militar) não fornecia terreno adequado para a germinação de mitos. Era pequeno o número de republicanos convictos, foi quase nula a participação popular, e os eventos se deram na escorregadia fronteira entre o heroico e o cômico.[3] Os candidatos a herói não tinham, eles também, profundidade histórica, não tinham a estatura exigida para o papel. Não pertenciam ao movimento da propaganda republicana, ativa desde 1870. Nem mesmo eram reconhecidos como heróis militares. Sua participação na guerra contra o Paraguai era pouco conhecida antes da República. Heróis da guerra eram Caxias, Osório, Tamandaré. A promoção de Deodoro e Floriano a heróis de guerra foi posterior a sua participação na proclamação da República, já era parte do processo de mitificação das duas figuras.

A busca de um herói para a República acabou tendo êxito onde não o imaginavam muitos dos participantes da proclamação. Diante das dificuldades em promover os protagonistas do dia 15, quem aos poucos se revelou capaz de atender às exigências da mitificação foi Tiradentes.[4] Não que Tiradentes fosse desconhecido dos republicanos. Campos Sales tinha um retrato do inconfidente em seu escritório. Os clubes republicanos do Rio de Janeiro, de Minas Gerais e, em menor escala, de outras províncias vinham tentando, desde a década de 1870, resgatar sua memória. Já em 1867, quando presidente da província de Minas Gerais, Saldanha Marinho, futuro chefe do Partido Republicano no Rio, mandou erguer-lhe um monumento em Ouro Preto. Em 1881, houve no Rio de Janeiro a primeira celebração do 21 de abril. Até mesmo em província distante como o Rio Grande do Sul, com tantos candidatos próprios a heróis republicanos, foi apresentada em 1881 proposta de monumento, feita por jornal de Pelotas.[5] Mas os líderes desses clubes não ocupariam o primeiro plano no dia 15 de novembro. O presidente do Clube Tiradentes do Rio de Janeiro, Sampaio Ferraz, foi posto a par dos planos da revolta, mas teve papel secundário. Como veremos, ele encontraria problemas na promoção do culto a Tiradentes mesmo durante o período florianista. Quais foram, então, as razões da adoção de Tiradentes e que conteúdo teria sua figura de herói?

Em torno da personagem histórica de Tiradentes houve e continua a haver intensa batalha historiográfica. Até hoje se disputa sobre seu verdadeiro papel na Inconfidência, sobre sua personalidade, sobre suas convicções, sobre sua aparência física. Não me interessa aqui tal discussão. Não pretendo entrar no debate se Tiradentes era líder ou mero seguidor, se era um revolucionário ou simples falastrão, se era pobre ou rico, branco ou mulato, simpático ou mal-encarado. Ou melhor, essa discussão só me interessa enquanto relevante para a construção da mitologia. É certo que a preocupação com a construção do mito afeta e condiciona o debate historiográfico. Mas ela transcende tal debate, desenvolve-se dentro de um campo de raciocínio que extravasa os limites e os cânones da historiografia, pelo menos da historiografia praticada neste caso. O domínio do mito é o imaginário que se manifesta na tradição escrita e oral, na produção artística, nos rituais. A formação do mito pode dar-se contra a evidência documental; o imaginário pode interpretar evidências segundo mecanismos simbólicos que lhe são próprios e que não se enquadram necessariamente na retórica da narrativa histórica.

Pouco se sabe sobre a memória de Tiradentes entre o povo de Minas Gerais e da cidade do Rio de Janeiro. Que devia existir tal memória é difícil negar. Há documentos da época que testemunham o grande abalo causado entre a população da capitania e da cidade do Rio pelo processo dos réus e, particularmente, pela execução de Tiradentes. O autor anônimo da *Memória do êxito que teve a conjuração de Minas*, por exemplo, testemunha ocular dos acontecimentos no Rio de Janeiro, refere-se constantemente à grande consternação dos habitantes da cidade. Obrigado a elogiar a rainha e sua justiça, o autor usa o artifício de personificar a cidade para exprimir seus sentimentos pessoais. A "cidade", diz ele, nunca vira execução mais medonha e de mais feia ostentação. A notícia da condenação à morte de onze réus, dada no dia 19 de abril de 1792, abalou "a cidade", que, "sem discrepar de seus deveres políticos (leia-se: de prestar lealdade à rainha), não pôde esconder de todo a opressão que sentia". Muitas famílias retiraram-se para o campo, as ruas ficaram desertas, e "a consternação parece que se pintava em todos os objetos". O anúncio do perdão de todos os réus, exceto Tiradentes, teve efeito oposto, mas não menos forte: "A cidade sentiu-se em um instante aliviada do desusado peso que a oprimia". Encheram-se as ruas, povoaram-se as janelas, "muitos e muitos não sustinham as lágrimas".[6]

Frei Raimundo de Penaforte, o confessor dos inconfidentes, fala no "indizível concurso do povo" ao ato da execução. "O povo foi inúmero", insiste; se não fossem as patrulhas militares, seria ele próprio esmagado debaixo do peso de sua imensa massa. Tal concurso poderia ter sido motivado pela curiosidade em relação ao espetáculo do enforcamento. Mas Penaforte, testemunha insuspeita, pois era dócil instrumento da justiça régia, não deixa dúvidas sobre a motivação da multidão: "Foi tal a compaixão do povo da infelicidade temporal do réu, que para lhe apressarem a eterna ofereceram voluntariamente esmolas para dizerem missas por sua alma".[7]

Há também o registro de que Joaquim Silvério dos Reis, o traidor dos inconfidentes, não pôde viver em paz no Rio de Janeiro, para onde se mudara devido à rejeição dos mineiros. A animosidade da população era tão grande que ele alterou o nome, acrescentando-lhe Montenegro, e foi morar no Maranhão. As pessoas não lhe falavam; quando o faziam, era para o insultar. A se acreditar nele, houve até mesmo um atentado a tiros contra sua vida e um incêndio em sua casa.[8]

Quanto a Minas Gerais, não é razoável supor que a prisão de tantas pessoas importantes, a devassa, a exibição da cabeça de Tiradentes na praça principal de Vila Rica não tivessem causado profunda e duradoura impressão nas pessoas. Não se tratava apenas de Vila Rica. A conjuração envolveu pessoas importantes de São João del Rei (escolhida para capital da República), de Mariana, do Tejuco, da Borda do Campo. Documentos da época afirmam que "a desolação se espalhou pela capitania", após a prisão dos conjurados.[9] Ao visitar a província na metade do século XIX, Richard Burton anotou que se mantinha viva a memória dos acontecimentos e era corrente entre a população a opinião de que a pena imposta aos inconfidentes fora excessiva e injusta.[10]

Tenha-se também em conta que vários inconfidentes regressaram do exílio. Dois deles participaram da Assembleia Constituinte de 1823: José de Resende Costa, filho, e o padre Manuel Rodrigues da Costa. Resende Costa morreu em 1841, já no Segundo Reinado, não sem antes traduzir e anotar, a pedido do Instituto Histórico e Geográfico, o capítulo da *História do Brasil* de Robert

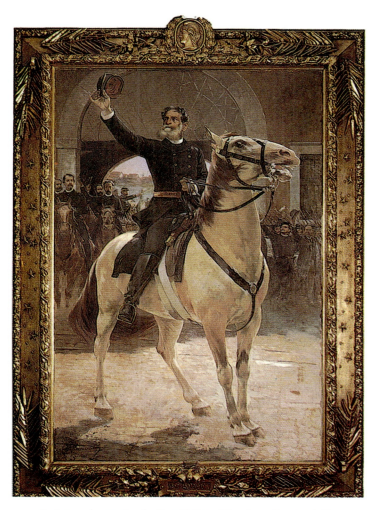

*I. A proclamação da República, Henrique Bernardelli,
Academia Militar de Agulhas Negras*

II. O martírio de Tiradentes,
Aurélio de Figueiredo,
Museu Histórico Nacional

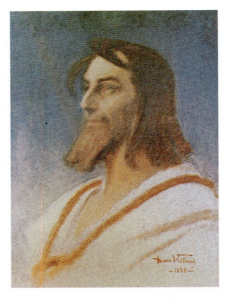

III. Tiradentes, *óleo, Décio Villares,*
Museu Mariano Procópio

IV. Tiradentes esquartejado, *Pedro Américo, Museu Mariano Procópio*

V. A leitura da sentença, *Eduardo de Sá, Museu Histórico Nacional*

VI. Alferes Joaquim José da Silva Xavier,
*José Walsht Rodrigues,
Museu Histórico Nacional*

VII. A Liberdade guiando o povo, Eugène Delacroix, Louvre

VIII. Sem título, O Malho, *26/11/1904*

IX. República, *Décio Villares, Museu da República*

X. Estandarte da humanidade,
*Décio Villares,
Igreja Positivista do Brasil*

XI. Dame à la rose, *Belmiro de Almeida*, Museu Nacional de Belas Artes

XII. A carioca, *Pedro Américo, Museu Nacional de Belas Artes*

XIII. Bandeira do Império,
Museu Histórico Nacional

XIV. Bandeira do Clube Republicano
Lopes Trovão, Museu Histórico da
Cidade do Rio de Janeiro

XV. Bandeira içada no Alagoas, *Museu da República*

XVI. Bandeira desenhada por Décio Villares, Igreja Positivista do Brasil

XVII. Bandeira bordada pelas filhas de Benjamin Constant, Museu da República

XVIII. A pátria, *Pedro Bruno, Museu da República*

XIX. Clotilde de Vaux

Southey sobre a Inconfidência. O padre Manuel Rodrigues fez um apelo ao governo central em favor dos revoltosos mineiros de 1842. O participante e historiador desse movimento, padre José Antônio Marinho, ao escrever que "a província de Minas tem a glória de haver dado os primeiros mártires à independência e liberdade do Brasil no século passado", certamente se referia à Inconfidência.[11] Anote-se ainda que Maria Doroteia Joaquina de Seixas, a musa de Gonzaga, morreu em Ouro Preto em 1853, quando já se publicavam as primeiras referências à rebelião.

Embora fosse viva na memória popular, a Inconfidência era tema delicado para a elite culta do Segundo Reinado. Afinal, o proclamador da independência era neto de d. Maria I, contra quem se tinham rebelado os inconfidentes. O bisneto da rainha louca governava o país. O Brasil era uma monarquia governada pela casa de Bragança, ao passo que os inconfidentes tinham pregado uma república americana. Não era fácil exaltar os inconfidentes, e Tiradentes em particular, sem de alguma maneira condenar seus algozes e o sistema político vigente. Não foi por acaso que as primeiras referências à rebelião vieram de um historiador estrangeiro, Robert Southey. Sua *História do Brasil* foi publicada em 1810, e a tradução portuguesa saiu em 1862. Mas o capítulo sobre a Inconfidência, traduzido por Resende Costa, foi publicado na *Revista do Instituto Histórico e Geográfico* em 1846. A fonte de que Southey dispunha era apenas a sentença da alçada. Sua análise é neutra, refere-se à Inconfidência como a primeira manifestação de princípios e práticas revolucionárias no Brasil, critica a imperfeição do processo e a barbárie das leis da época. Mas registra também ter o governo português merecido louvor por sua clemência.[12]

Não havia neutralidade alguma na segunda referência aos inconfidentes, feita no livro de Charles Ribeyrolles, *Brasil pitoresco*, publicado no Brasil em 1859. Ribeyrolles — ao contrário de Southey, amigo de Portugal — era um republicano radical das jornadas parisienses de 1848. Por sua atuação política, fora deportado em 1849. No Brasil, aonde chegara em 1858, ligara-se aos republicanos do Rio. Ao analisar a Inconfidência, com base também apenas na sentença da alçada, não esconde sua simpatia pelos rebeldes e as críticas ao governo português. Tiradentes já aparece em seu texto com as cores próprias de um herói cívico. É o mártir que soube morrer sem traço de temor, pois "se sacrificava por uma ideia", interpretação típica de um revolucionário francês. Embora elogie o clima de liberdade vigente no Império de d. Pedro II, que tornava possível a publicação de seu livro, ele atribui tal clima ao sangue de Tiradentes, que, derramado, germinara. Sobre Tiradentes tem ainda uma frase que era um desafio aos republicanos brasileiros e uma provocação ao monarca: "Seria fraqueza não levantar esse cadáver que Portugal arrastou pelas enxovias".[13]

A literatura brasileira começou a se ocupar do tema antes que a historiografia o fizesse. As *Liras* de Gonzaga foram publicadas ainda na década de 1840. Em 1848, apareceu o romance de Antônio Ferreira de Souza intitulado *Gonzaga ou a conjuração de Tiradentes*. Bernardo Guimarães publicou em 1867 seu conto "A cabeça de Tiradentes". Nesse mesmo ano, Castro Alves escreveu a peça *Gonzaga ou a Revolução de Minas*, que foi representada em 1866, em São Paulo, Salvador e Rio de Janeiro. Nessa versão, o primeiro plano é atribuído a Gonzaga, opção que inaugura longa polêmica sobre a liderança do movimento. Mas no poema que termina a peça, e que é declamado pela personagem Maria, Tiradentes já aparece na idealização que aos poucos se imporia:

> Ei-lo, o gigante da praça,
> O Cristo da multidão!
> É Tiradentes quem passa...
> Deixem passar o Titão.[14]

Ao que parece, o primeiro conflito político em torno da figura de Tiradentes ocorreu em 1862, por ocasião da inauguração da estátua de d. Pedro I no então largo do Rocio, ou praça da Constituição, hoje praça Tiradentes. A ocasião e o local eram a própria materialização do conflito. No lugar onde fora enforcado Tiradentes, o governo erguia uma estátua ao neto da rainha que o condenara à morte infame. Teófilo Otoni, o liberal mineiro líder da revolta de 1842, chamou a estátua de mentira de bronze, e a expressão virou grito de guerra dos republicanos. Por inspiração de Otoni, o liberal fluminense Pedro Luís Pereira de Souza compôs um poema a ser distribuído no dia da inauguração da estátua. A polícia apreendeu os folhetos, mas o poema sobreviveu e foi republicado em Ouro Preto em 1888. O texto fala da expectativa popular em torno do monumento. Espera-se que seja dedicado a Tiradentes, mas aparece a estátua de Pedro I:

Nos dias da cobardia
Festeja-se a tirania
Fazem-se estátuas aos reis.

...

Hoje o Brasil se ajoelha
E se ajoelha contrito
Ante a massa de granito
Do Primeiro Imperador!

Fala no bronze vil, lembrando a expressão de Otoni, e se refere a Tiradentes:

Foi ele o mártir primeiro
Que pela pátria morreu.

...

Do sangue de Tiradentes
Brotou-nos a salvação.

E termina dizendo que Tiradentes não precisa de estátua, pois o vemos de pé no pelourinho, cercado de uma auréola de liberdade e fé.[15]

A luta entre a memória de Pedro I, promovida pelo governo, e a de Tiradentes, símbolo dos republicanos, tornou-se aos poucos emblemática da batalha entre Monarquia e República. O conflito continuou após a proclamação, agora representando correntes republicanas distintas. Em 1893, o Clube Tiradentes tentou encobrir a estátua de Pedro I para as comemorações do 21 de abril. Houve protestos, e as comemorações acabaram sendo canceladas. Em 1902, pensou-se em erguer um monumento no local que se julgava ser o do enforcamento, mais ou menos onde existe hoje a Escola Tiradentes na avenida Visconde do Rio Branco. A Câmara Federal votara lei em 1892 mandando desapropriar o local. O monumento acabou sendo construído em frente ao novo prédio da Câmara, inaugurado em 1926 com o nome de Palácio Tiradentes. Nesse local existira a Cadeia Velha, onde o inconfidente ouvira a sentença de morte e de onde partira para a execução. D. Pedro I ficou onde estava, mas foi-lhe imposta a convivência cívica com o rival: sua praça passou a chamar-se praça Tiradentes.[16]

Havia poderosa simbologia na luta entre Pedro I e Tiradentes. Sua expressão mais forte talvez esteja em artigo do abolicionista e republicano Luís Gama, publicado no primeiro número do jornal comemorativo do 21 de abril editado pelo Clube Tiradentes (1882). O título do artigo, "À forca o Cristo da multidão", é uma referência direta ao poema de Castro Alves. Luís Gama leva ainda mais longe o paralelo entre Tiradentes e Cristo. A forca é equiparada à cruz, o Rio de Janeiro a Jerusalém, o Calvário ao Rocio. À transformação da forca em altar, acrescenta a transmutação do monumento a Pedro I em patíbulo imperial. Em vez da forca, tornada altar da pátria, construíram um monumento. Em vez da tragédia do martírio, exibiram a comédia da estátua. Tal como se vê na ilustração ao lado.

A luta pela construção do mito de Tiradentes teve um dos marcos mais importantes em 1873, com a publicação da obra de Joaquim Norberto de Souza Silva, *História da Conjuração Mineira*. Norberto, que era chefe de seção da Secretaria do Estado do Império, descobrira os *Autos da Devassa* nos arquivos da Secretaria. Chegaram-lhe também às mãos a *Memória* de autor anônimo e o depoimento de Penaforte. Era uma autêntica revolução no estudo da Inconfidência. Norberto trabalhou treze anos nos documentos. Em 1860, começou a ler partes do trabalho no Instituto Histórico, de que era sócio. A publicação da obra foi apressada, segundo seu próprio testemunho, pelo surgimento do movimento republicano em 1870. Dois anos depois do *Manifesto republicano*, em 1872, foi proposta a construção de um monumento a Tiradentes no Rio de Janeiro. Norberto declarou-se contrário à ideia, por considerar Tiradentes figura secundária e discordar da representação do mártir vestido de alva, baraço ao pescoço, "como se o governo colonial quisesse eternizar a sua lição de terror".[17] Para justificar sua oposição, apressou a publicação do livro.

Por revelar importantes documentos até então desconhecidos, a obra de Norberto tornou-se ponto de referência obrigatório nos estudos da Inconfidência que vieram posteriormente, seja para elogiá-la, seja para criticá-la.[18] O debate sobre ela, embora disfarçado de disputa historiográfica — com todos os autores pretendendo estar em busca da "verdade histórica" —, foi sempre marcado pela luta em torno do mito de Tiradentes. É esse lado da questão que me vai interessar aqui. Norberto foi logo acusado de estar a serviço da Monarquia, de tentar amesquinhar a Inconfidência, de denegrir a figura histórica de Tiradentes. Ele respondeu em 1881, pelas páginas da *Revista do Instituto Histórico*, argumentando que se baseara exclusivamente nos documentos e que fizera

10. *"21 de abril"*,
Revista Illustrada, *19/4/1890*.

obra de historiador e não de patriota, isto é, de observador isento e não de partidário apaixonado.[19]

Sua isenção era muito discutível, pois era funcionário público, monarquista convicto, amigo dos principais políticos do Império (o livro foi dedicado ao visconde de Bom Retiro) e vice-presidente do Instituto Histórico, instituição quase oficiosa, tão estreita era sua ligação com o imperador. O próprio secretário do Instituto, cônego Fernandes Pinheiro, escreveu que Norberto quis com o trabalho "render sincera homenagem ao excelso príncipe em cujo reinado pode fulgir a verdade em todo o seu esplendor".[20] Mas, curiosamente, as revelações de Norberto que despertaram maior irritação eram provavelmente verdadeiras do ponto de vista histórico. Tratava-se, principalmente, das transformações que, segundo ele, se tinham operado na personalidade e no comportamento de Tiradentes por força do prolongado período de reclusão, dos repetidos interrogatórios e da ação dos frades franciscanos. Seu ardor patriótico teria sido substituído pelo fervor religioso, o patíbulo de glória se teria transformado em ara de sacrifício. Tiradentes, segundo Norberto, tinha escolhido morrer com o credo nos lábios em vez de o fazer com o brado de revolta

— viva a liberdade! — que explodira do peito dos mártires pernambucanos de 1817 e 1824. Norberto resumiu assim as razões de seu desapontamento: "Prenderam um patriota; executaram um frade!".[21]

Os republicanos protestaram. Negavam ter Tiradentes beijado as mãos e os pés do carrasco; não aceitavam a versão de que teria caminhado para a forca em solilóquios com o crucifixo; não acreditavam que o condenado, ao recusar-se a vestir roupa por baixo da alva, tivesse dito que Nosso Senhor também morrera nu por seus pecados.[22] Reagia-se, em suma, à ideia de que Tiradentes, durante o período de prisão, se tivesse transformado em um místico, tivesse perdido o impulso de rebeldia patriótica que fizera dele a principal figura da conjuração. Ao desqualificar Tiradentes como rebelde, Norberto também deslocava a liderança da Inconfidência para o ouvidor e poeta Tomás Antônio Gonzaga. Assim fazendo, o herói deixava de ser uma pessoa do povo para se encarnar num representante da elite, deixava de ser um enforcado para se tornar um simples exilado. Um monumento a Gonzaga não teria a conotação (que tanto chocou Norberto) de glorificar um enforcado, um decapitado, um esquartejado. E seria muito mais palatável para a dinastia reinante.

A posição de Norberto estava bem alicerçada nos depoimentos de Penaforte e do autor da *Memória*. Segundo sua denúncia, teria havido mesmo tentativa de adulterar o texto da *Memória*, depositado no Instituto Histórico. Alguém teria coberto com tinta a expressão "lhe beijou os pés", relativa à reação de Tiradentes diante do carrasco Capitania. É perfeitamente possível que o inconfidente tivesse sido realmente transformado em um místico por força da experiência traumática da prisão e da verdadeira lavagem cerebral que lhe aplicaram os frades franciscanos. Nesse caso, não seriam de surpreender a menção à morte de Cristo, a quem queria imitar, o beijo nos pés do carrasco, também referência clara ao perdão de Cristo a seus algozes, e a marcha para a forca em solilóquios com o crucifixo que os frades lhe tinham colocado entre as mãos atadas.

Mas tanto estava Norberto equivocado como o estavam seus críticos ao acharem que o misticismo final de Tiradentes destruía seu apelo patriótico, tirava sua credencial de herói cívico. A partir das revelações de Norberto e, quem sabe, da própria tradição oral, as representações plásticas e literárias de Tiradentes, e mesmo as exaltações políticas, passaram a utilizar cada vez mais a simbologia religiosa e a aproximá-lo da figura de Cristo. Se Ribeyrolles só via o patriota, o soldado, o herói cívico que se sacrificara por amor a uma ideia, Castro Alves já falava no Cristo da multidão. No farto material constante das coletâneas que todos os anos, a partir de 1882, o Clube Tiradentes do Rio de Janeiro fazia publicar por ocasião do 21 de abril, as referências religiosas são frequentes. Já foi mencionado o artigo de Luís Gama, publicado em 1882, sob o título "À forca o Cristo da multidão". Artigo de 1888, escrito por republicanos mineiros, chegava a atribuir a Tiradentes maior fortaleza moral do que a de Cristo. Ele teria recebido com maior serenidade a sentença: Cristo suara sangue.[23]

Após a proclamação da República, intensificou-se o culto cívico a Tiradentes. O 21 de abril foi declarado feriado nacional já em 1890, juntamente com o 15 de novembro. As alusões a Cristo também continuaram. Artigo de *O Paiz* de 21 de abril de 1891 fala na "vaporosa e diáfana figura do mártir da Inconfidência, pálida e aureolada, serena e doce como a de Jesus Nazareno". O desfile que passou a fazer parte das comemorações do 21 de abril lembrava a procissão do enterro de sexta-feira santa. As analogias apareceram já no primeiro desfile realizado em 1890. O préstito saiu dos arredores da Cadeia Velha, em que Tiradentes estivera preso, prosseguiu até a praça Tiradentes e daí até o Itamaraty, onde Deodoro saudou os manifestantes. Acompanharam o desfile representantes dos clubes abolicionistas e republicanos, estudantes, militares, o Centro do Partido Operário — e, em destaque, os positivistas, levando em andor um busto do mártir esculpido por Almeida Reis. Presente também estava um misterioso Clube dos Filhos de Thalma. Era a celebração da paixão (Cadeia Velha), morte (praça Tiradentes) e ressurreição (Itamaraty) do novo Cristo. Em celebrações posteriores, acrescentou-se ao final do desfile uma carreta para lembrar a que, em 1792, servira para transportar o corpo da "santa vítima" após o enforcamento. Era o "enterro" da nova via-sacra.

Durante o desfile de 1890, Décio Villares, pintor positivista, distribuiu uma litogravura em que aparecia o busto de Tiradentes, corda ao pescoço, ornado com a palma do martírio e os louros da vitória. Barba e cabelos longos, ar sereno, olhar no infinito, era a própria imagem de Cristo. *O Paiz*, referindo-se à obra, disse representar o grande mártir "tal como o desenhou a sua [de Villares] fantasia de poeta e a sua alma de patriota".[24] Tratava-se sem dúvida de uma idealização, e isso não apenas por fazer parte da estética positivista idealizar as figuras representadas.

11. Tiradentes,
litografia, Décio Villares, Igreja Positivista do Brasil.

Não existia nenhum retrato de Tiradentes feito por quem o tivesse conhecido pessoalmente. O que predominava quando Décio Villares fez sua litogravura era a descrição tendenciosa retirada do livro de Joaquim Norberto. Baseando-se em declaração de Alvarenga Peixoto, tirada dos *Autos*, Norberto descrevera Tiradentes como "feio e espantado", acrescentando por conta própria que nada tinha de simpático, que era repelente. Os desmentidos dessa descrição só vieram mais tarde. Daí adquirir maior importância a interpretação de Villares, que contestava abertamente a versão tida como verdadeira. Mais tarde, em 1928, Villares voltou a retratar o inconfidente, dessa vez em um óleo. Na nova obra, claramente um desenvolvimento da primeira, a força das *Fig. III* cores e a maior estilização da figura — cabelos e barba menos revoltos — acentuavam ainda mais a semelhança com Cristo, pelo menos com o Cristo adocicado da maioria das representações.[25]

A simbologia cristã apareceu em várias outras obras de arte da época. No quadro *Martírio de Tiradentes*, de Aurélio de Figueiredo, o mártir é visto de bai- *Fig. II* xo para cima, como um crucificado, tendo aos pés um frade, que lhe apresenta o crucifixo, e o carrasco Capitania, joelho dobrado, cobrindo o rosto com a mão. É uma cena de pé da cruz. Mesmo na representação quase chocante de Pedro Américo, a alusão a Cristo é inescapável. Seu *Tiradentes esquartejado*, de 1893, mostra *Fig. IV* os pedaços do corpo sobre o cadafalso, como sobre um altar. A cabeça, com longas barbas ruivas, está colocada em posição mais alta, tendo ao lado o crucifixo, numa clara sugestão da semelhança entre os dois dramas. Um dos braços pende para fora do cadafalso, citação explícita da *Pietà* de Michelangelo.

Além do óbvio apelo à tradição cristã do povo, que facilitava a transmissão da imagem de um Cristo cívico, poder-se-ia perguntar por outras razões do êxito de Tiradentes como herói republicano. Pois não foi sem resistência que ele atingiu tal posição. Tiradentes tinha competidores históricos ao título de herói do novo regime, além dos rivais do dia 15 de novembro. Para mencionar os mais óbvios, havia no Sul os líderes da república farroupilha. No Norte, a figura respeitável de frei Caneca. Não consta que se tenha tentado transformar Bento Gonçalves, presidente da república sul-rio-grandense, em herói republicano nacional. O fato talvez se deva à posição peculiar do Rio Grande do Sul no cenário brasileiro e à suspeita de separatismo dirigida à revolta farroupilha. Faltava aos heróis gaúchos a característica nacional, indispensável à imagem de um herói republicano.

Frei Caneca era um competidor mais sério. Herói de duas revoltas, uma pela independência, a outra contra o absolutismo do primeiro imperador, morrera também como mártir, fuzilado, pois nenhum carrasco se dispusera a enforcá-lo. Joaquim Norberto censurava a Tiradentes exatamente o não ter morrido como os mártires de 1817 e 1824, desafiadores, o grito de liberdade na garganta, autênticos heróis cívicos. Em vários discursos no Clube Tiradentes, mencionava-se o fato de não ter sido o herói mineiro o único mártir republicano, nem o primeiro. Frei Caneca era às vezes mencionado como merecedor de respeito.

Um dos fatores que podem ter levado à vitória de Tiradentes é, sem dúvida, o geográfico. Tiradentes era o herói de uma área que, a partir da metade do século XIX, já podia ser considerada o centro político do país — Minas Gerais, Rio de Janeiro e São Paulo, as três capitanias que ele buscou, num primeiro momento, tornar independentes. Aí foi também mais forte o republicanismo e mais difundidos os clubes Tiradentes. O Nordeste, ao final do século XIX, era uma região em decadência econômica e política e não se distinguia pela pujança do movimento republicano. Além do mais, a Confederação do Equador também apresentara tintas separatistas que a maculavam como movimento nacional. Se é verdade que a Inconfidência tinha em vista a libertação de apenas três capitanias, isso não se devia a qualquer ideia separatista, mas a um cálculo tático. Libertadas as três, as outras seguiriam com maior facilidade.

Parece-me, no entanto, que há ainda outro elemento importante na preferência por Tiradentes. É possível que sua vantagem estivesse exatamente no ponto que Joaquim Norberto lhe criticava. Frei Caneca e seus companheiros tinham-se envolvido em duas lutas reais, em que houvera sangue e morte. Morreu como herói desafiador, quase arrogante, num ritual seco de fuzilamento. Foi um mártir rebelde, acusador, agressivo. Não morreu como vítima, como portador das dores de um povo. Morreu como líder cívico e não como mártir religioso, embora, ironicamente, se tratasse de um frade.

Tiradentes foi exatamente o contrário. O patriota virou místico. A coragem que demonstrou — era coraçudo, como dele disse o frade Penaforte — vinha, ao final, do fervor religioso e não do fervor cívico. Assumiu explicitamente a postura de mártir, identificou-se abertamente com Cristo. O cerimonial do enforcamento, o cadafalso, a forca erguida a altura incomum, os soldados em volta, a multidão expectante — tudo contribuía para aproximar os dois eventos e as duas figuras, a crucificação e o enforcamento, Cristo e Tiradentes. O esquartejamento posterior, o sangue derramado, a distribuição das partes pelos caminhos que antes percorrera também serviram ao simbolismo da semeadura do sangue do mártir, que, como dissera Tertuliano, era semente de cristãos.

Talvez esteja aí um dos principais segredos do êxito de Tiradentes. O fato de não ter a conjuração passado à ação concreta poupou-lhe ter derramado sangue, ter exercido violência contra outras pessoas, ter criado inimigos. A violência revolucionária permaneceu potencial. Tiradentes era "o mártir ideal e imaculado na brancura de sua túnica de condenado".[26] A violência real pertenceu aos carrascos. Ele foi a vítima de um sonho, de um ideal, dos "loucos desejos de uma sonhada liberdade", na expressão do autor da *Memória*. Foi vítima não só do governo português e de seus representantes, mas até mesmo de seus amigos. Vítima da traição de Joaquim Silvério, amigo pessoal, o novo Judas. E vítima também dos outros companheiros da conspiração, que, como novos Pedros, se acovardaram, procuraram lançar sobre ele toda a culpa. Culpa que ele assumiu de boa vontade. Congratulou-se com os companheiros quando foi comunicada a suspensão da sentença de morte, satisfeito por ir sozinho ao cadafalso. Explicitamente, como Cristo, a quem quis imitar na nudez e no perdão ao carrasco, incorporou as culpas, as dores e os sonhos dos companheiros e dos compatriotas. Operava pelo sacrifício, no domínio místico, a salvação que não pudera operar no domínio cívico.

Fig. V

Tudo isso calava profundamente no sentimento popular, marcado pela religiosidade cristã. Na figura de Tiradentes todos podiam identificar-se, ele operava a unidade mística dos cidadãos, o sentimento de participação, de união em torno de um ideal, fosse ele a liberdade, a independência ou a república. Era o totem cívico. Não antagonizava ninguém, não dividia as pessoas e as classes sociais, não dividia o país, não separava o presente do passado nem do futuro. Pelo contrário, ligava a república à independência e a projetava para o ideal de crescente liberdade futura. A liberdade ainda que tardia.

O mais forte antagonismo despertado pela mitificação de Tiradentes, como vimos, veio dos monarquistas defensores de Pedro I. O ponto merece atenção adicional, pois indica certas nuanças até agora não apontadas na análise. Ou, antes, indica as fases por que passou a construção do mito, e a manutenção de certa ambiguidade em seu conteúdo. De início, Tiradentes era apresentado como o herói republicano, o que certamente antagonizava os monarquistas, dividia os cidadãos. Mais ainda, era o herói dos propagandistas da república, dos clubes republicanos, de natureza popular. Não era apenas um herói republicano, era um herói do jacobinismo, dos setores mais radicais do partido. À época da proclamação da República, o Clube Tiradentes do Rio de Janeiro, organizador principal de seu culto, era dirigido por Sampaio Ferraz, ligado aos radicais da propaganda. Apontava-se em Tiradentes o republicanismo, mas também seu caráter plebeu, humilde, popular, em contraste com os companheiros que faziam parte da elite econômica e cultural de Minas Gerais. Tiradentes era sinônimo de radicalismo republicano. Como tal, sua figura opunha-se com força ao símbolo monárquico representado na estátua de Pedro I e se aproximava do florianismo.

O conflito de 1893 foi o divisor de águas. Significou ao mesmo tempo uma guinada na República e uma mudança na imagem do herói. Foi tanto mais significativo pelo fato de se ter dado durante o período florianista, quando ocupava a prefeitura da capital um outro jacobino, o médico Barata Ribeiro. O incidente opôs dois jacobinos, antes aliados: Sampaio Ferraz no Clube Tiradentes, e Barata Ribeiro na prefeitura. O prefeito havia autorizado os planos do Clube de cobrir a estátua de Pedro I, mas voltou atrás diante da forte resistência provocada pela ideia. A reação veio não só do que poderia ser chamado grande imprensa conservadora da época, o *Jornal do Commercio*, mas até mesmo do órgão oficioso dos republicanos, *O Paiz* de Quintino Bocaiuva. O redator de *O Paiz* atribuía a ideia do Clube ao espírito demagógico, à intolerância, à exaltação. Os melhores republicanos, dizia, eram no momento os que contribuíam para o congraçamento dos espíritos e não para a divisão. Barata Ribeiro acabou por aceitar as ponderações e mandou demolir o coreto que cobria a estátua. O Clube, em protesto, cancelou as comemorações, e Sampaio Ferraz deixou a direção.

Durante a Revolta da Armada, ao final de 1893, formou-se o Batalhão Tiradentes, de caráter florianista e jacobino. O Batalhão foi dissolvido em 1897, em meio à reação governamental contra as agitações jacobinas que tinham culminado na tentativa de assassinato do presidente da República. Sua reorganização só foi permitida em 1902, no governo Campos Sales, quando já se tinham acalmado os ânimos. Nesse ano, começaram também oficialmente os planos para a construção do monumento a Tiradentes, que, como vimos, acabaria sendo erigido em outro local para evitar o confronto com Pedro I.[27]

74

O episódio de 1893 de algum modo indicava as condições de aceitação do herói republicano como herói nacional: a eliminação da imagem jacobina, radical. A eliminação da versão frei Caneca, ou mesmo da versão florianista. Para consolidar-se como governo, a República precisava eliminar as arestas, conciliar-se com o passado monarquista, incorporar distintas vertentes do republicanismo. Tiradentes não deveria ser visto como herói republicano radical, mas sim como herói cívico-religioso, como mártir, integrador, portador da imagem do povo inteiro.

Esta já era a intuição dos artistas que o tinham representado como Cristo. O ideal de representação universal da nação já vinha antes da República. Em um poema escrito por um operário em 1884, já se dizia:

Que o dever dos brasileiros,
Sem de opinião saber,
É neste dia se unirem
Para preito te render.
Portanto, vós monarquistas,
E vós outros anarquistas,
Juntai aos positivistas
Os corações a bater.[28]

O mesmo poema — escrito, lembre-se, antes da Abolição — termina vinculando Tiradentes à luta contra a escravidão: "Dos escravos as algemas/ quebradas, serão poemas/ a esse gênio imortal". A interpretação da Inconfidência como movimento abolicionista, além de libertador e republicano, ligava Tiradentes às três principais transformações por que passara o país: Independência, Abolição, República. Da trindade cívica dos positivistas, Tiradentes era o único a poder resumir e representar os três momentos. Podia ser aceito pelos monarquistas, desde que não se excluísse Pedro I; pelos abolicionistas (republicanos ou monarquistas); e pelos republicanos.

O operário do poema sugeria ainda a aceitação de Tiradentes pelos anarquistas, tese que o movimento anarquista do início do século talvez não endossasse. Mas o movimento operário organizado não anarquista, mesmo o socialista, poderia facilmente aceitar o culto a Tiradentes. Lembre-se de que, na primeira celebração pública do 21 de abril após a proclamação da

República, entre os componentes do préstito estavam os representantes do Centro do Partido Operário. Vicente de Souza, o socialista com tintas positivistas, ativo na organização de partidos operários e na redação de jornais operários como o *Echo Popular*, mais tarde um dos principais batalhadores da revolta contra a vacinação obrigatória quando dirigia o Centro das Classes Operárias, aparece entre os oradores das celebrações promovidas pelo Clube Tiradentes.

Ao final do Império, início da República, até mesmo os monarquistas começaram a reivindicar para si a herança de Tiradentes. Escrevendo após a proclamação, o visconde de Taunay reclamava contra o monopólio que os republicanos, especialmente os jacobinos, queriam manter sobre a memória do herói. Ao libertar o país, o Império, alegava, realizou o sonho de Tiradentes. Por essa razão, "também ele nos pertence".[29]

A aceitação de Tiradentes veio, assim, acompanhada de sua transformação em herói nacional, mais do que em herói republicano. Unia o país através do espaço, do tempo, das classes. Para isso, sua imagem precisava ser idealizada, como de fato o foi. O processo foi facilitado por não ter a história registrado nenhum retrato, nenhuma descrição sua. Restaram apenas algumas indicações nos autos. A idealização de seu rosto passou a ser feita não só pelos artistas positivistas, como Villares e Eduardo de Sá, mas também pelos caricaturistas das revistas ilustradas da época. Para os positivistas, a idealização dos heróis era regra da estética comtiana; para os outros, era apenas parte da tentativa geral de criar o mito e o culto do herói.

Esse esforço foi agudamente percebido por Ubaldino do Amaral Fontoura, orador oficial das celebrações do Clube Tiradentes em 1894. Ubaldino admite a existência de competidores ao posto de precursor da nacionalidade e da República. Mas a República, diz ele, desafia quem pretenda derrocar a lenda que o trabalho de um século vem construindo. Não se preocupa também com os traços fisionômicos de Tiradentes. "Foi talvez uma felicidade que esse Cristo não deixasse na terra um sudário. Cada artista lhe tem dado diferente feição." Já foi representado, acrescenta, com a doçura de Jesus, com os traços dos heróis antigos, e até mesmo como caboclo. Na estátua que o governo republicano de Minas lhe ergueu em Ouro Preto, ele tem o porte de um profeta ou semideus. E conclui sobre os artistas: "Nenhum teve razão, todos tiveram razão, porque é assim que as lendas se fazem".[30]

12. Tiradentes,
Francisco Andrade, estátua, Rio de Janeiro.
(Ver nota 32, p. 149).

A tentativa de transformar Tiradentes em herói nacional, adequado a todos os gostos, não eliminou totalmente a ambiguidade do símbolo. O governo republicano tentou dele se apropriar, declarando o 21 de abril feriado nacional e, em 1926, construindo a estátua em frente ao prédio da Câmara. Os governos militares recentes foram mais longe. Lei de 1965 declarou Tiradentes patrono cívico da nação brasileira e mandou colocar retratos seus em todas as repartições públicas. Durante o Estado Novo, foram representadas peças de teatro, com apoio oficial, exaltando a figura do herói.[31] Foi também dessa época (1940) a primeira tentativa de modificar a representação tradicional, estilo nazareno. José Walsht Rodrigues, especialista em uniformes militares, colaborador do integralista Gustavo Barroso, pintou Tiradentes como alferes da 6ª Companhia do Regimento dos Dragões. O herói cívico é aí um militar de carreira.[32]

Fig. VI

Mas a esquerda também dele não abriu mão, desde os jacobinos até os movimentos guerrilheiros da década de 1970, um dos quais adotou seu nome. Portinari o pintou na década de 1940, mantendo a aproximação com a simbologia religiosa. Seu *Os despojos de Tiradentes no caminho novo das Minas* mostra os pedaços do corpo pendendo de postes e mulheres ajoelhadas que lembram a cena do Calvário. Na década de 1960, o Teatro de Arena também reviveu a imagem subversiva do inconfidente.[33]

O segredo da vitalidade do herói talvez esteja, afinal, nessa ambiguidade, em sua resistência aos continuados esforços de esquartejamento de sua memória.

4. República-mulher: entre Maria e Marianne

Um dos elementos marcantes do imaginário republicano francês foi o uso da alegoria feminina para representar a República. A Monarquia representava-se naturalmente pela figura do rei, que, eventualmente, simbolizava a própria nação. Derrubada a Monarquia, decapitado o rei, novos símbolos faziam-se necessários para preencher o vazio, para representar as novas ideias e ideais, como a revolução, a liberdade, a república, a própria pátria. Entre os muitos símbolos e alegorias utilizados, em geral inspirados na tradição clássica, salienta-se o da figura feminina. Da Primeira à Terceira República, a alegoria feminina domina a simbologia cívica francesa, representando seja a liberdade, seja a revolução, seja a república.

A figura feminina passou a ser utilizada assim que foi proclamada a República, em 1792. A inspiração veio de Roma, onde a mulher já era símbolo da liberdade. O primeiro selo da República trazia a efígie de uma mulher de pé, vestida à moda romana, segurando na mão direita uma lança, de cuja ponta pendia um barrete frígio. A mão esquerda segurava um feixe de armas. Um leme completava a simbologia. O barrete frígio identificava os libertos na antiga Roma; o feixe de armas indicava a unidade, ou fraternidade; o leme, o governo; a lança, arma popular por excelência, era a presença do povo no regime que se inaugurava. A mulher também apareceu em alegorias vivas, como na Festa do Ser Supremo, em 1794, em que a liberdade foi representada por uma jovem. Na praça da Revolução, uma estátua da liberdade em forma de mulher presidia às execuções na guilhotina. Era uma figura em pé, barrete frígio na cabeça, lança na mão direita. A ela sem dúvida se dirigiu Manon Roland quando, pouco antes de ser executado, exclamou: "Ó liberdade, quantos crimes se cometem em teu nome!".[1]

Fig. VII

As jornadas de 1830 entraram para a história por várias razões. Uma delas foi, sem dúvida, o quadro de Delacroix intitulado *A Liberdade guiando o povo*. Obra-prima da pintura universal, o quadro mostra a liberdade representada por uma figura de mulher de traços populares. O barrete frígio cobre-lhe os cabelos apanhados para cima. Na mão direita, outro símbolo republicano, a bandeira tricolor, que tinha sido abandonada durante a Restauração e que Luís Filipe adotou, recebendo-a de Lafayette, o mesmo que a oficializara em 1790. Na mão esquerda, um fuzil com baioneta calada. Destacam-se os seios, nus e agressivos, e o gesto enérgico de comando em meio aos mortos e feridos das barricadas de Paris. Sem dúvida alguma, ela canta a *Marselhesa*. A força do quadro está no fato de combinar elementos de idealização, como a nudez dos seios e dos pés, com traços de grande verossimilhança. Sabe-se que Delacroix se inspirou numa combatente real, Marie Deschamps, que se salientara na luta em uma das barricadas de julho de 1830. O fato de ser o quadro, ao mesmo tempo, uma das principais, se não a principal, obra do romantismo contribuiu também para o impacto que causou.

Pouco depois de Delacroix, Rudé deixou gravado em um dos pilares do Arco do Triunfo da Place de l'Étoile uma cena de grande expressão, em que uma figura idealizada e beligerante de mulher lidera combatentes para a guerra. O quadro, originalmente chamado *A partida dos voluntários*, passou a ser conhecido, pela força da figura central, como *A marselhesa*. Embora mais estilizado que a obra de Delacroix, o baixo-relevo de Rudé tem um mesmo sentido: uma figura de mulher, realidade ou símbolo, realidade e símbolo, representando as lutas e os ideais da revolução, da república, da pátria.

A proclamação da Segunda República, em 1848, renovou o interesse pelos símbolos republicanos. Em concurso realizado para escolher o símbolo da República, a grande maioria dos pintores e escultores escolheu a figura feminina.[2] Embora a qualidade artística do concurso tenha sido desapontadora, salvaram-se algumas obras, como a de Daumier, em que a República é representada

*13. A partida dos voluntários,
François Rudé, Place de l'Étoile, Paris.*

como uma mulher amamentando duas crianças. Não é mais a figura belicosa de Delacroix e Rudé: Daumier pinta uma República-mulher maternal, protetora, segura e sólida. Está sentada, segura a tricolor na mão direita, com a mão esquerda ampara uma das crianças que lhe sugam os vastos e generosos seios. Segundo Agulhon, já se vê uma cisão na representação feminina que daí em diante só faria crescer. Já se distinguem uma República burguesa e uma República socialista. Embora mantendo a figura feminina, a distinção começa a se fazer seja pela maneira de representar a mulher (sentada ou de pé, maternal ou combativa, cabelos penteados ou revoltos, seios cobertos ou nus), seja pelos atributos que a rodeiam. Quanto a estes, a distinção mais marcante é a presença ou a ausência do barrete frígio. Sempre de cor vermelha, o barrete passa a ser uma das principais indicações do radicalismo, à medida que a bandeira tricolor vai aos poucos se tornando marca de moderação, da República respeitável. Note-se, no quadro de Daumier, a postura sentada, a presença da tricolor e a ausência do barrete. A Segunda República introduziu a figura feminina como símbolo também nas moedas, nas armas e nos selos postais. Em nenhum desses casos o barrete frígio está presente. Nas armas, ele é substituído por uma auréola em forma de raios de sol, imagem mais tarde imortalizada por Bartholdi na estátua oferecida à cidade de Nova York.

Foi no período que precedeu a Terceira República, no entanto, que a figura de mulher se popularizou como representação da República em oposição ao Império de Napoleão III. A popularização veio com a figura de Marianne, nome popular de mulher. Marianne passou a personificar a República, unificando as formas anteriores de representação. Estatuetas, bustos, gravuras de Marianne espalharam-se pelo país, especialmente no Sul. Como reação, o governo incentivou o culto da Virgem Maria. Houve uma batalha de cultos, que Agulhon com felicidade chama de mariolatria contra marianolatria. O culto a Marianne encontrou sua expressão mais exacerbada na *Lettre a Marianne* de Félix Pyat, publicada em Londres em 1856. A certa altura, exclama Pyat: "Para nós, republicanos proscritos, [...] tu és tudo, refúgio, cidade, lar, nossa família, nossa mãe, nosso amor, nossa fé, nossa esperança, ídolo ao qual sacrificamos até nossa memória, ideal para o qual vivemos e morremos felizes". A *Lettre* termina com uma Ave Maria, ou melhor, com uma Ave Marianne: "Ave, Marianne, cheia de força, o povo é contigo, bendito é o fruto de teu ventre, a República etc.".[3]

14. A República,
Honoré Daumier.

Com a Comuna e a Terceira República, o que era culto clandestino e perseguido se tornou aberto e oficial. Consolidada a República, apareceram grandes monumentos com a figura feminina. Mas a cisão esboçada em 1848 tornou-se agora cada vez mais nítida, na medida em que as relações entre República e socialismo se complicaram. Novos símbolos revolucionários apareceram: o operário de torso nu, a Internacional.[4] A própria Marianne sofreu deslizamento de sentido. De símbolo da República libertária passou a símbolo da nação ou da França. Moveu-se para a direita. Finalmente, a figura feminina deixou de ser usada como símbolo da República. A própria República não teve mais monumentos.

Os republicanos brasileiros de orientação francesa tinham, portanto, grande riqueza de imagens e símbolos em que se inspirar. Interessa-me, no momento, apenas o uso que fizeram da alegoria feminina. Estavam, é certo, em pequena desvantagem se comparados aos franceses. Enquanto na França a Monarquia era masculina, aqui a herdeira do trono, eventual regente, era mulher. Mas a desvantagem foi diminuída por meio da tentativa de anular a figura de Isabel, mostrando-a como simples joguete nas mãos do conde D'Eu. Ao mesmo tempo, uma campanha sistemática foi montada para desmoralizar o conde. Em São Paulo, um jornal humorístico republicano foi fundado com essa finalidade. Silva Jardim seguiu o conde na viagem ao norte do país, buscando neutralizar sua campanha em favor do terceiro reinado. O fato de o conde ser francês só facilitava a tarefa de identificá-lo com o Antigo Regime. Silva Jardim não hesitou mesmo em propor para ele o mesmo destino que a Revolução reservara para Luís XVI. Abria-se, assim, o caminho para a apropriação republicana da imagem feminina.[5]

O esforço inicial foi feito pelos caricaturistas da imprensa periódica, a grande maioria simpática à República. Já antes mesmo da proclamação, apareceram representações femininas, como se pode verificar na charge de Angelo Agostini na *Revista Illustrada* de 9 de junho de 1888. A mesma alegoria pode ser vista no número de 16 de novembro de 1889, agora desenhada por Pereira Neto[6] (ver reprodução no capítulo 5). Pereira Neto continuou por vários anos a reproduzir essa imagem feminina, vestida à romana, descalça ou de sandálias, barrete frígio, geralmente com a nova bandeira em uma das mãos. Veja-se, por exemplo, o número de 14 de dezembro de 1889. Nele, a República brasileira confraterniza com sua irmã argentina. As duas repúblicas são representadas por mulheres em tudo semelhantes, exceto pelas bandeiras.

Às vezes, a figura feminina adquiria aspecto belicoso. Exemplo curioso é o da figura que aparece em *O Mequetrefe* de 17 de novembro de 1889. Não é preciso esforço para ver nela uma cópia da *Marselhesa* de Rudé. Mas, em geral, a belicosidade era indicada apenas por uma espada, como na charge do número 729 de 1897 da *Revista Illustrada*, em que a República-mulher saúda os mortos na campanha de Canudos. Tudo permanecia dentro do modelo clássico: Atena assumia sua feição guerreira original, abandonando por algum tempo seu lado de protetora da paz. O exemplo mais completo de uma visão guerreira da República pode ser visto em *O Malho* de 26 de novembro de 1904. A República aí aparece com a armadura bélica de Atena, esmagando a revolta que acabara de eclodir no Rio.

Fig. VIII

A mesma representação foi por longo tempo mantida em *O Paiz*, o jornal semioficial, dirigido por Quintino Bocaiuva. Julião Machado aí conservou a figura estilizada à antiga, mesmo quando, a partir do início do século, a maioria de seus colegas de imprensa já começava a ridicularizar o

15. *"Senhores de escravos pedem indenização à República"*,
Angelo Agostini, Revista Illustrada, 9/6/1888.

novo regime, pela caricaturização da representação feminina. Até o final do século, jornais e revistas não se afastaram do modelo estabelecido pela *Revista Illustrada*.

Os pintores, excetuando-se o positivista Décio Villares, praticamente ignoraram o simbolismo feminino na representação do novo regime. O único quadro que talvez mereça referência é o do baiano Manuel Lopes Rodrigues, intitulado *Alegoria da República*. A obra é de 1896 e foi executada em Roma, onde se achava o pintor desde antes da proclamação da República. O autor sem dúvida baseou-se em modelo vivo mas, pelo resto, não foge muito à estilização dos caricaturistas. As vestes, túnica e manto, são clássicas, assim como o são as sandálias. Também são clássicos alguns símbolos: as palmas, os louros (no caso, ramos de café), a espada, a cabeça de Medusa no medalhão (usada por Atena no escudo ou na couraça). É uma representação típica da República de 1848, quando o governo pediu que ela fosse representada sentada, transmitindo a impressão de tranquilidade, força e segurança. Para representar assim a República brasileira em 1896, era mesmo necessário que o autor

Fig. IX

16. "8 de dezembro de 1889",
Pereira Neto, Revista Illustrada, 14/12/1889.

17. "Proclamação da República Federativa Brasileira",
O Mequetrefe, *17/11/1889.*

vivesse fora do país.[7] À exceção desse quadro, de autor pouco conhecido, não parecem existir outros de valor. A república brasileira não inspirou nenhum David, nenhum Delacroix, nenhum Daumier. Nem a escultura produziu Rudés. Existem bustos de mulher representando a República, alguns dos quais guardados no Museu da República. São obras mais criativas, menos estilizadas, em que a figura feminina aparece sempre com o barrete frígio e varia entre o cívico, às vezes belicoso, e o sensual. Seu efeito sobre o imaginário coletivo terá sido mínimo, pois são obras refinadas de exibição doméstica, peças de escritório. Poderão lembrar os bustos de Marianne, com a diferença de que estes, antes de 1870, só tinham sua exibição pública inibida pela censura. Sempre que possível, eram levados em procissão pelas ruas ou expostos nas janelas das casas.

Os artistas positivistas merecem referência à parte. Entre eles o uso da alegoria feminina se baseava em um sistema de interpretação do mundo do qual a república era apenas parte, embora importante. Na escala dos valores positivistas, em primeiro lugar vinha a humanidade, seguida pela pátria e pela família. A república era a forma ideal de organização da pátria. A mulher representava idealmente a humanidade. Comte julgava que somente o altruísmo (palavra por ele criada) poderia fornecer a base para a convivência social na nova sociedade sem Deus. A mulher era quem melhor representava esse sentimento, daí ser ela o símbolo ideal para a humanidade. O símbolo perfeito seria a virgem-mãe, por sugerir uma humanidade capaz de se reproduzir sem a interferência externa. Comte chegou ao ponto de especificar o tipo feminino que deveria representar a humanidade: uma mulher de trinta anos, sustentando um filho nos braços. Manifestou mesmo o desejo de que o rosto de sua adorada Clotilde de Vaux fosse utilizado como modelo e aparecesse em todas as bandeiras ocidentais.[8]

Os artistas positivistas brasileiros, especialmente Décio Villares e Eduardo de Sá, foram os únicos politicamente militantes no mundo das artes plásticas. A eles se devem várias obras, entre pinturas, esculturas e monumentos. A figura da mulher é aí onipresente, embora, como referido, represente antes a humanidade, às vezes a pátria, do que a república. Mas, mesmo na França, houve frequente deslizamento no significado da figura feminina. A república, a revolução, a liberdade, a pátria frequentemente se intercambiavam. Daí não ser fora de propósito incluir a humanidade na lista.[9]

18. Alegoria da República,
Manuel Lopes Rodrigues.

Fig. X   Em 1890, Décio Villares pôs em prática os desejos de Comte, pintando a humanidade com o rosto de Clotilde de Vaux para o *Estandarte da humanidade*, que saiu no cortejo dedicado à memória de Tiradentes. Atitude protetora, filho ao colo, a mulher é aí, como o desejava Comte, totalmente mãe.[10] A mesma caracterização aparece nos monumentos de inspiração positivista do Rio de Janeiro e de Porto Alegre, discutidos no capítulo 2. No de Benjamin Constant, obra de Décio Villares, a figura feminina segue as especificações de Comte e domina a construção. A figura do herói está ainda sob a proteção de outra figura feminina que o envolve com a bandeira republicana. É a pátria. Medalhões de Eduardo de Sá, em baixo-relevo, mostram ainda a mulher de Benjamin, Clotilde e Beatriz. Benjamin é um bendito entre as mulheres.

     O monumento a Floriano, obra de Eduardo de Sá, exibe também duas figuras salientes de mulher, embora com simbologia mais flexível. Eduardo de Sá optou por um uso menos ortodoxo da figura feminina, seja no simbolismo que deveriam conter, seja nas próprias formas físicas. Uma das jovens, ao lado de Floriano, é o futuro da pátria; a outra, dominando todo um lado do monumento, é o amor, a integração das raças na pátria brasileira. Ambas, embora vestidas, como queria Comte, deixam transparecer a exuberância da forma física, especialmente dos seios. No monumento a Júlio de Castilhos, Décio Villares colocou novamente a figura feminina no topo, agora diretamente como alegoria da República.

     Os pintores positivistas não se prendiam aos modelos clássicos, ainda que suas ideias estéticas estivessem próximas das de David. Nisso levavam vantagem sobre os caricaturistas. Mas, se escapavam de Palas Atena, caíam nas malhas de Clotilde de Vaux. Suas alegorias femininas também se afastavam de modelos brasileiros. O fato é tanto mais decepcionante se nos lembrarmos da importância que os positivistas davam à raça negra, por eles considerada superior à branca, e à incorporação dos índios e dos proletários à nação brasileira. Décio Villares, numa exceção indiscutível, foi o único pintor da época a exaltar a raça negra, em sua *Epopeia africana no Brasil*. Mas, quando se tratava de re-

Fig. XI presentar a humanidade ou a república, não apareciam índias, nem negras, nem mulatas, nem proletárias, mesmo idealizadas. Era Clotilde, mesmo quando de barrete frígio.

     Os pintores positivistas foram os únicos a levar a sério a tentativa de utilizar a figura feminina como alegoria cívica. Com a ressalva, ainda, de que a

19. Cabeça da República,
Umberto Cavina, Museu da República.

20. A República,
autor não identificado,
Museu da República.

alegoria se referia preferencialmente à humanidade. Pode-se dizer que a tentativa de copiar o esforço francês de vender o novo regime por meio da imagem feminina foi pequena e redundou em estrondoso fracasso. Nem a transformação da Academia Imperial de Belas Artes em Escola Nacional de Belas Artes, sob a direção de H. Bernardelli, com a consequente exclusão de artistas identificados com o antigo regime, parece ter mudado muito as coisas. A República não produziu uma estética própria, nem buscou redefinir politicamente o uso da estética já existente, como o fez David. Os positivistas foram caso isolado. A pintura histórica continuou a ser feita, quando o foi, nos mesmos moldes utilizados por Pedro Américo e Vítor Meireles. É sintomático, por exemplo, que nos salões de arte promovidos após a República, já criada a Escola Nacional de Belas Artes, quase nada apareceu que refletisse o uso da alegoria feminina ou a exaltação cívica do novo regime por outros meios. De modo geral, a pintura histórica perdeu terreno após a proclamação do novo regime. Os poucos qua-

*21. Monumento a Benjamin
Constant, detalhe.*

dros cívicos produzidos limitavam-se à tentativa de criar heróis republicanos, como no caso de Deodoro e Tiradentes, ou de celebrar as novas instituições, como a Constituição de 1891.[11]

De fato, bem depressa os caricaturistas passaram a usar a figura feminina para ridicularizar a República. É certo que os inimigos da República fizeram o mesmo na França. A virgem ou a mulher heroica dos republicanos era facilmente transformada em mulher da vida, em prostituta. A diferença é que no Brasil essa representação foi a dominante, sendo usada mesmo pelos que inicialmente tinham apoiado o novo regime. O desapontamento refletido na conhecida frase "Esta não é a república dos meus sonhos" rapidamente invadiu o mundo dos caricaturistas, ao mesmo tempo em que atingia os políticos da propaganda e os escritores.

Timidamente, já na primeira década começam as críticas. Em o *D. Quixote* de 25 de novembro de 1895, A. A. mostra a República representada por uma mulher abatida montada num burrico, voltada para trás, enquanto as outras

22. *Monumento a Floriano Peixoto, detalhe.*

repúblicas americanas galopam para o progresso (ver reprodução no capítulo 5). A partir da virada do século, especialmente em *O Malho*, a crítica se torna geral e impiedosa. C. do Amaral, em *O Malho* de 15 de novembro de 1902, mostra o contraste entre a República dos sonhos de 1889 e a de 1902. A primeira é representada por uma jovem inocente; a segunda, por uma mulher madura, de olhar debochado, soprando a fumaça de um cigarro. No ano seguinte, Raul, também em *O Malho*, representa a República como uma mulher retida no leito, cujo marido, ao lado, comenta que já se vão treze anos e ela ainda não se levantou. J. Carlos, em *O Filhote* de 11 de novembro de 1909 (as datas próximas ao 15 de novembro eram as preferidas para as críticas), exibe uma República abertamente prostituída envolvida numa orgia com os políticos da época, enquanto a sombra de Benjamin Constant se admira de que aos vinte anos ela já esteja tão debochada. K. Lixto, em o *Fon-Fon* de 13 de novembro de 1913, também retrata uma República precocemente envelhecida e decadente, para a surpresa da velha Monarquia. Finalmente, para não estender demasiadamente os exemplos, o que seria fácil, Vasco Lima, em *O Gato* de 22 de março de 1913, apresenta uma República que é a versão brasileira do quadro de Daumier. A República-mãe, protetora, alimentadora, de Daumier, mantém na caricatura de Vasco Lima os seios exageradamente vastos, mas, diante da estranheza do marechal Hermes, o artista justifica o detalhe dizendo: "É a nudez crua da verdade. A República dá de mamar a tanta gente!". Em vez de mãe, a República é a ama de leite, a vaca leiteira, que tem de alimentar políticos e funcionários que vivem dela e não para ela.

O exemplo mais escandaloso de desmoralização da República por meio da representação feminina veio de um ministro do governo Campos Sales. Em 1900, o deputado Fausto Cardoso denunciou na Câmara dos Deputados o ministro da Fazenda, Joaquim Murtinho, por ser "um homem que manda reproduzir nas notas do Tesouro, nos dinheiros do Estado, como símbolo da República, o retrato de meretrizes". Segundo a denúncia, que provocou tumulto na Câmara e levou à suspensão da sessão, mas que não foi contestada, a foto seria de uma tal sra. Prates, uma das meretrizes mais conhecidas da capital. Segundo outras versões, seria de Laurinda Santos Lobo, sobrinha e amante de Murtinho. No reverso da nota, a República era representada por uma clássica Palas Atena, de capacete, escudo e lança. A nota é um resumo precioso. A República, quando não se representava pela abstração, clássica ou romântica, só encontrava seu rosto na versão da mulher corrompida, era uma *res publica*, no sentido em que a prostituta era uma mulher pública.[12]

As referências ao novo regime encontradas na literatura frequentemente caminham na mesma direção. O boêmio Neiva, de *Fogo fátuo*, de Coelho Neto, não se conforma com a proclamação da República e com as medidas do governo provisório. Tudo lhe parece falso e ridículo. Particularmente, não gosta do regime presidencialista. A pátria, diz, é senhora honesta, que não troca de marido. Apenas casa de novo quando fica viúva. Não pode viver em mancebia, hoje com um, amanhã com outro.[13]

A visão da República como prostituta é evidente na *História do Brasil pelo método confuso*, de Mendes Fradique. Nessa versão ao mesmo tempo hilariante e lúcida da história pátria, a República, pobre donzela oprimida pela tirania, é salva por Dom Quixote, que invade o quartel-general a sua procura. Para surpresa do fidalgo, defronta-se com uma cena orgástica, em meio à qual se destaca "uma mulher seminua, de cigarro no canto da boca, tipo característico de *divette* de Montmartre". Escandalizado, fica sabendo por intermédio de Oliveira Lima que a dita senhora é a República. Apesar do desapontamento, Dom Quixote a apresenta ao povo brasileiro, declarando cumprida sua missão. Lamenta apenas não a ter podido entregar como pretendia: "Salva e virgem!".[14]

Por que o fracasso da representação positiva da República como mulher? A busca de explicação poderá ir em várias direções. Mas o centro da questão talvez esteja na observação já referida de Baczko de que o imaginário, apesar de manipulável, necessita, para criar raízes, de uma comunidade de imaginação, de uma comunidade de sentido. Símbolos, alegorias, mitos só criam raízes quando há terreno social e cultural no qual se alimentarem. Na ausência de tal base, a tentativa de criá-los, de manipulá-los, de utilizá-los como elementos de legitimação, cai no vazio, quando não no ridículo. Parece-me que na França havia tal comunidade de imaginação. No Brasil, não havia.

Para começar, na França as mulheres representaram papel real na Revolução, ou melhor, nas revoluções, incluindo as de 1789, 1830, 1848, 1871. Elas eram numerosas entre a multidão que tomou a Bastilha de assalto em 1789. Foram elas, em torno de 4 mil, que marcharam poucos meses depois a Versalhes para levar o rei de volta a Paris. Algumas se distinguiram por ações heroicas e se tornaram os primeiros símbolos vivos da Revolução, como a heroína anônima de Saint-Milhier, como a cidadã Bourgougnoux e Marie Charpentier. Pouco depois surgiram Olympe de Gouges, que acabou guilhotinada em 1793, Pauline Léon e Claire Lacombe. Esta última organizou o Clube das Mulheres Republicanas Revolucionárias. Na verdade, tão revolucionárias que o clube não foi aceito pela Convenção, dominada por homens. Théroigne de Mericourt organizou batalhões de amazonas para lutar ao lado dos homens. O radicalismo de Claire Lacombe e Pauline Léon acabou levando ambas à prisão em 1794. Ao fim, as sociedades de mulheres foram proibidas e os direitos políticos lhes foram negados, contra as promessas da Declaração dos Direitos. Ou talvez não, pois se tratava dos direitos *do homem e do cidadão.*[15]

Pode-se mesmo argumentar, em vista da resistência dos homens à participação efetiva das mulheres na Revolução, que o uso simbólico da imagem feminina seria uma compensação para sua exclusão real. O argumento é plausível. Mas permanece o fato de que as mulheres estavam de fato presentes nas manifestações políticas. Eram elas, como argumenta Hobsbawm, que (por serem as mais diretamente afetadas) compunham as multidões que protestavam contra a

23. *"Mlle. República, que hoje completa mais uma primavera"*,
C. do Amaral, O Malho, 15/11/1902.

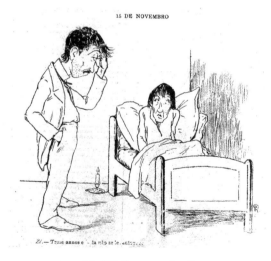

24. *"15 de novembro"*,
Raul, O Malho, 14/11/1903.

25. "15 de novembro",
K. Lixto, Fon-Fon, 13/11/1913.

26. "Isto não é república",
Vasco Lima, O Gato, 22/3/1913.

27. Nota do Tesouro de dois mil-réis, 1900.

escassez de alimentos. Sua ação reapareceu nas barricadas de 1830, como atesta a valente Marie Deschamps imortalizada por Delacroix. Em 1848-51, houve o exemplo de madame Perrier, que liderou uma coluna republicana no Var, empunhando a bandeira tricolor. E, apesar das disputas em torno da origem da figura de Marianne, ela certamente tem a ver com a mulher do povo que se envolve nas lutas políticas. O uso da alegoria tinha uma base de sustentação, o significante não se isolava do significado.[16]

Entre nós, se o povo masculino esteve ausente da proclamação, que dizer do povo feminino? Se não havia povo político masculino, como pensar em povo político feminino? Havia uma elite política de homens, que eram chamados públicos. A mulher, se pública, era prostituta. Mesmo na fase jacobina da República, durante o governo de Floriano, a participação era exclusivamente masculina. Não só as mulheres não participavam, como não era considerado próprio que elas participassem. Política era coisa de homem. Um testemunho do dia 15 de novembro é revelador. O marechal Rondon conta em suas memórias que nesse dia pela madrugada saiu de uma festa em que estava com a namorada, Chiquita, sem lhe dizer o que iria fazer. Mesmo para o positivista ortodoxo que ele já era, defensor da ideia da superioridade da mulher sobre o homem, política não era coisa que dissesse respeito ao sexo feminino. A um amigo que, ignorando os acontecimentos, levava pela manhã as filhas à Escola Normal, passando em frente ao Quartel-General, um oficial alertou: "Onde vai, Xavier? Não é momento de passear com as filhas".[17]

Ao considerar a política fora do campo de ação da mulher, Rondon na verdade não se afastava da ortodoxia positivista. Apesar da grande ênfase no papel feminino, apesar da declaração da superioridade da mulher sobre o homem, Comte acabava por lhe atribuir o papel tradicional de mãe e esposa, de guardiã do lar, pois era assim que a mulher garantia a reprodução da espécie e a saúde moral da humanidade. A política era tarefa menor que cabia aos homens. Não por acaso, as únicas mulheres que surgem no episódio da implantação da República são as filhas de Benjamin Constant. Elas aparecem no papel clássico das mulheres: bordando a primeira bandeira republicana, idealizada pelos positivistas e desenhada por Décio Villares.

Observando mais de perto, talvez seja possível vislumbrar algumas mulheres na proclamação e nas lutas que se seguiram. Rondon anota que ao saírem as tropas dos quartéis, na madrugada do dia 15, várias mulheres de soldados seguiram os maridos parte do caminho. Em 1896, quando as tropas partiram para Canudos, supostamente em defesa da República, várias mulheres, esposas ou vivandeiras, acompanharam a expedição. Em nenhum dos casos a participação feminina indicava qualquer adesão à República. Pelo contrário, em 1904, durante a revolta contra a vacina, os jornais registraram a participação de prostitutas ao lado dos rebeldes. Outras fontes indicam também as simpatias monárquicas das meretrizes.[18] Nesse caso, a representação da República como prostituta talvez fosse tão insultuosa para elas como o era para o novo regime.

Gilberto Freyre sugere alguns fatores que teriam favorecido a representação da República como mulher. Um deles era o repúdio ao patriarcalismo de d. Pedro II, que por tanto tempo marcara a vida política do país. Outro seria a mariolatria católica.[19] Quanto ao primeiro, havia a dificuldade já apontada de existir uma sucessora feminina ao trono. No máximo, a crítica republicana poderia tê-la neutralizado entre a elite. Quanto ao segundo, existia sem dúvida no país uma mariolatria, e nela se apoiaram os positivistas para insistir no uso da representação feminina da humanidade. Mas nesse caso se buscava substituir Maria por Clotilde. Na França, Marianne podia representar uma oposição respeitável a Maria. No Brasil, Clotilde não chegava sequer a arranhar a mariolatria. A separação entre Igreja e Estado efetivada pela República gerou animosidade entre a população, como o atesta a revolta de Canudos. O uso de um símbolo católico para representar a República poderia soar como profanação.

De fato, assim como na França do Segundo Império, também no Brasil da Primeira República Maria foi utilizada como arma antirrepublicana. Houve um esforço deliberado dos bispos para incentivar o culto mariano, sobretudo por meio de Nossa Senhora Aparecida. A partir do início do século XX, começaram as romarias oficiais. Em 8 de setembro de 1904, Nossa Senhora Aparecida foi coroada rainha do Brasil. Observem-se a data e o título: um dia após a comemoração da independência, uma designação monárquica. Não havia como ocultar a competição entre a Igreja e o novo regime pela representação da nação. O processo culminou na década de 1930. Em 1930, Pio IX declarou Nossa Senhora Aparecida padroeira do Brasil. No ano seguinte, d. Sebastião Leme, perante uma multidão congregada no Rio de Janeiro, a consagrou rainha e padroeira do país.

Por problemática que também seja a capacidade da Aparecida de representar a nação, ela sem dúvida supera em muito a de qualquer outra figura feminina, ou mesmo de quase todos os símbolos cívicos. Além de deitar raízes na profunda tradição católica e mariana, apresenta a vantagem adicional de ser brasileira e negra, a léguas de distância da francesa e branca Clotilde. Nem mesmo a princesa Isabel lhe poderia fazer frente. A batalha pela alegoria feminina terminou em derrota republicana. Mais ainda, em derrota do cívico perante o religioso.[20]

A representação artística da mulher pelos pintores brasileiros passava muito longe da mulher do povo. Praticamente todos eles ingressavam na Academia Imperial de Belas Artes, fruto da Missão Francesa e baluarte da pintura acadêmica neoclássica. A partir da década de 1840, instituiu-se na Academia o prêmio de viagem à Europa. O imperador participava diretamente do apoio aos artistas, financiando do próprio bolso estágios na Europa. Bom número dos mais conhecidos pintores da época permaneceu ali por longos anos, geralmente na França e na Itália, às custas do governo ou do imperador. Alguns chegaram a estender sua estada por dez anos. Vítor Meireles passou oito anos. Pedro Américo ficou inicialmente cinco anos, retornando depois várias vezes, inclusive para executar obras como *A batalha do Avaí* e *Independência ou morte*. Acabou morrendo em Florença. Rodolfo Amoedo, Belmiro de Almeida, Décio Villares, Antônio Parreiras, João Timóteo da Costa, Eliseu Visconti, dos neoclássicos aos românticos e impressionistas, todos se embeberam nas fontes europeias. Lá produziram boa parte de sua obra.[21]

A figura da mulher era frequente em sua produção artística, na forma de retrato ou de figuras históricas ou simbólicas. Os retratos eram de mulheres de classe alta, que naturalmente os encomendavam. Não há mulatas ou negras, ou índias. Nem mesmo Almeida Júnior (que, apesar do treinamento na Academia e da estada na Europa, se manteve afastado do Rio e fiel às tradições rurais) produziu retratos de mulheres do povo. Sua tela feminina mais conhecida, *Descanso do modelo*, foi pintada no melhor estilo europeu. O melhor pintor negro da época, Estêvão da Silva, que não foi à Europa, dedicou-se a pintar naturezas-mortas.[22]

Mulheres índias apareciam nas telas dos pintores. Vítor Meireles e Décio Villares pintaram Moema; José Maria de Medeiros, Lindoia e Iracema. Pelos próprios nomes, vê-se que não são índias de verdade, são visões, recriações românticas da figura feminina indígena. São quadros que se inserem no indianismo romântico da época. Mas mesmo dentro da visão romântica não ocorreu aos escritores nem aos pintores representar o Brasil, ou a pátria, como mulher — ou seja, como índia. O Brasil, no Império, foi, sim, representado como índio, reflexo do nativismo romântico. As índias de nossos pintores nada tinham a ver com a nação. Seria isso devido à presença de um monarca à frente do governo, ao patriarcalismo predominante na sociedade? O Império, sistema centralizador, interventor, estatista, seria masculino? O Brasil feminino estaria limitado à Igreja, e às igrejas? Ficam as perguntas.[23]

A maioria das representações femininas, à época da proclamação, já tinha traços *fin-de-siècle*. Salientava a sensualidade, a beleza, a fragilidade da mulher. Era a mulher da sociedade urbana carioca, se não parisiense, tornada objeto de consumo. Não era mulher agente, ou gente, como ainda se podia observar em retratos como os de Décio Villares. Se aparecem algumas mulheres "cívicas", elas vêm da Bíblia ou da história de outros povos. Pedro Américo pintou Judite e Joana d'Arc; não pintou Joana Angélica nem Anita Garibaldi. Talvez a tela mais representativa da mulher-elegância, da mulher *belle-époque*, seja a *Dame à* *Fig. XI* *la rose* de Belmiro de Almeida. Até o nome é francês. A mulher como sensualidade perpassa a obra de quase todos os pintores, à exceção dos positivistas que não pintavam nus. Vítor Meireles tem sua Bacante; Amoedo pintou Salomé e vários nus, alguns considerados imorais pela crítica da época; Almeida Júnior, *Descanso do modelo*. Honra seja feita aqui a Belmiro de Almeida, que, ao decidir pintar um nu, o fez utilizando um modelo visto de costas, pele murcha e cheia de celulite, negação dos padrões de estética feminina da época. A tela foi rejeitada como imoral num salão de Paris.

O exemplo mais típico talvez seja o do quadro *A carioca*, de Pedro Amé- *Fig. XII* rico. Esse paraibano que passou a vida entre a Corte brasileira, Paris e Florença pintou batalhas encomendadas pelo governo, pintou as heroínas Joana d'Arc e Judite. Quando lhe ocorreu representar a mulher brasileira, produziu um nu e lhe deu o nome das habitantes da Corte. Poderia ter escrito embaixo *A francesa*. A tela foi, aliás, pintada na França, em sua primeira estada de cinco anos na Europa. Ofertada a Pedro II, este a devolveu por não se ajustar aos padrões morais palacianos.

A mulher que os melhores pintores da época representavam não tinha lugar no mundo da política, não tinha lugar fora de casa, a não ser nos salões e nos teatros elegantes, ou nas butiques da rua do Ouvidor.[24] Quando ela se aproximava da alegoria — uma figura bíblica ou a índia —, a referência não era cívica. Não há *A Liberdade* de Delacroix, nem mesmo *As mulheres sabinas* de David, em que o pintor faz uso político alegórico de um tema clássico. A pergunta que pode ser feita aqui é: se copiavam os europeus em tantas coisas, por que não podiam os pintores brasileiros copiar também a tradição francesa de representar a República como mulher, independentemente de haver base social, comunidade de sentido, para tal cópia? Ou, indo mais além: por que, como artistas, não se libertaram do condicionamento externo e não tentaram criar a alegoria feminina da República?

A resposta talvez esteja no fato de que também os artistas estavam longe da República. Apesar das inevitáveis queixas de protecionismo oficial surgidas nos anos finais da Monarquia, permanece verdade que o mundo artístico do Império, em boa parte concentrado no Rio de Janeiro, era dominado pelo patrocínio imperial, por intermédio da Academia e do empenho pessoal do imperador. A República tentou inovar, mas a geração de pintores que a representou fora formada na tradição imperial. A isso agregue-se a falta de dramaticidade do evento da proclamação, a falta de densidade popular, capaz de despertar a inspiração artística.

Os obstáculos ao uso da alegoria feminina eram aparentemente intransponíveis. Ela falhava dos dois lados — do significado, no qual a República se mostrava longe dos sonhos de seus idealizadores, e do significante, no qual inexistia a mulher cívica, tanto na realidade como em sua representação artística. Nessas circunstâncias, a única maneira em que fazia sentido utilizar a alegoria era aproximar uma república considerada falsificada da visão de mulher que a época considerava corrompida, ou pervertida, a prostituta. Ironicamente, a República, coisa pública, acabou sendo alegorizada pela mulher pública da época, embora essa mulher, como pública no sentido cívico, talvez fosse monarquista.

A alegoria se dissolvia na falta de uma comunidade de imaginação. Ou se fragmentava em sentidos contraditórios e invertidos. Exemplo de dissolução surgiu em 1902 num episódio da praia do Flamengo, relatado em *O Paiz*.[25] Uma jovem bonita apareceu na praia em roupa de banho usando um barrete frígio. Sua beleza e o inusitado do barrete provocaram grande ajuntamento de povo. A moça foi aplaudida. Deram-se vivas à República. O sentido dos vivas ficou claro quando um rapaz observou que se a República fosse assim não haveria monarquistas. Outro curioso, referindo-se sem dúvida à conhecida frase de desapontamento dos republicanos da propaganda, suspirou: "Esta é a república de meus sonhos". Não havia relação possível, nem alegórica, entre a moça e a República. A República não era bela, não era desejável, não era a liberdade, a nação. Da parte da moça, o barrete era apenas uma peça de vestimenta, moda, não muito diferente do traje de banho que usava. E os curiosos certamente se perguntavam ao olhá-la: será ela de família (privada) ou pública, Maria ou *cocotte*? Marianne não era.

5. Bandeira e hino: o peso da tradição

A batalha em torno da simbologia republicana deu-se também em relação à bandeira e ao hino. Não podia ser de outra maneira, de vez que são esses tradicionalmente os símbolos nacionais mais evidentes, de uso quase obrigatório. A luta pelo mito de origem, pela figura do herói, pela alegoria feminina, era parte importante na legitimação do novo regime e talvez mais reveladora por não se tratar de exigência legal. Mas era luta de resultado menos conclusivo, pois não decidia da representação simbólica oficial da República. Era batalha de contornos indefinidos, de frentes móveis, de duração imprecisa. Não foi assim com a bandeira e o hino. De adoção e uso obrigatórios, esses dois símbolos tinham de ser estabelecidos por legislação, com data certa. Era batalha decisiva.

Não há surpresa, portanto, no fato de que a disputa em torno desses dois símbolos tenha sido mais intensa, embora de menor duração. Ela revela com nitidez algumas das clivagens existentes entre os republicanos e também permite enriquecer a discussão anterior sobre as condições que facilitam ou dificultam a manipulação do imaginário coletivo. No caso da bandeira, a vitória pertenceu a uma facção, os positivistas, mas ela se deveu certamente ao fato de que o novo símbolo incorporou elementos da tradição imperial. No caso do hino, a vitória da tradição foi total: permaneceu o hino antigo. Foi também a única vitória popular no novo regime, ganha à revelia da liderança republicana.

A BANDEIRA "MARCA COMETA"

O inesperado do 15 de novembro fez com que os participantes não dispusessem de um símbolo próprio para desfilar nas ruas. As tropas insurretas não tinham bandeira. Um sargento do 2º Regimento de Artilharia de São Cristóvão jogou fora a bandeira imperial quando as tropas marchavam para o campo de Santana, não tendo com que a substituir.[1] O movimento republicano, como um todo, não adotara bandeira própria. Como hino, usava simplesmente a *Marselhesa*. Poder-se-ia perguntar: se a *Marselhesa*, por que também não a tricolor, a bandeira da revolução e das repúblicas francesas? É que a *Marselhesa* era símbolo que extrapolava as fronteiras nacionais, era símbolo universal da revolução, ao passo que a tricolor mantinha as características nacionais. A *Marselhesa* era a revolução, a república radical; a tricolor era a França.

Sem dúvida, os republicanos não ignoravam que a tricolor fora também objeto de intensa luta na França pós-revolucionária. Sua própria origem era controversa. Diziam alguns ter surgido da união das cores de Paris, o vermelho e o azul, com o branco, a cor real; diziam outros representar as três ordens, o vermelho para a nobreza, o branco para o clero, o azul para o terceiro estado; diziam ainda outros ter sido criação de Lafayette, comandante da Guarda Nacional, que uniu o branco da Guarda ao azul e ao vermelho das milícias parisienses. Seja como for, a tricolor foi consagrada na Festa da Federação em 1790, quando toda Paris adotara suas cores. Ela precedera a República, fora quase símbolo de conciliação, como o indica a versão de que representava as três ordens. Talvez por isso tenha sobrevivido aos anos iniciais de incerteza, inclusive quanto a seu desenho e à posição das três cores, e tenha sido adotada oficialmente pela Convenção em 1794, quando já passara pelo batismo de sangue nas guerras contra os invasores da pátria. David, o pintor oficial da Revolução, amigo dos jacobinos, desenhou o modelo final, colocando as faixas em posição vertical e as cores na ordem azul-branco-vermelho.[2]

A Restauração abandonou-a em troca da bandeira branca, que se tornara símbolo da Monarquia e da reação. Mas a tricolor já se tornara símbolo nacional, e não foi por acaso que Luís Filipe decidiu readotá-la em 1830, após a queda de Carlos x. Recebeu-a, em cena de forte simbolismo, das mãos do mesmo Lafayette que a consagrara em 1790. Em 1848, a tricolor começou a sofrer nova concorrência, dessa vez não da bandeira branca dos monarquistas, mas da bandeira vermelha dos socialistas. Foi Lamartine, membro do governo revolucionário, que a salvou, acusando a bandeira vermelha de representar um partido e não a França. A Comuna adotou a bandeira vermelha, mas a Terceira República voltou ao símbolo já tradicional. Em 1880, na primeira celebração do 14 de julho na Terceira República, Paris enfeitou-se de azul, branco e vermelho, como na Festa da Federação de 1790. A República já era a França e perdera a conotação revolucionária; a tricolor era seu símbolo.

Entende-se a dificuldade que encontravam os republicanos em adotar a tricolor. Não seria brasileiro nem revolucionário. A escolha da bandeira deixou-os divididos, indecisos. Não é que não existissem tentativas de criar ou adotar nova bandeira. Havia, em primeiro lugar, a bandeira dos inconfidentes, de conhecimento dos vários clubes Tiradentes que se formavam pelo país. Havia, também, pelo menos duas versões de bandeira que se inspiravam no modelo americano. Uma delas foi levada pelos republicanos civis às ruas no dia 15, de maneira algo improvisada.

A história dessa bandeira, que pode ser considerada a bandeira da proclamação, pois foi hasteada por José do Patrocínio na Câmara Municipal e lá permaneceu até o dia 19, é esclarecedora das dúvidas dos republicanos. Ela era cópia da bandeira norte-americana. Segundo vários depoimentos ao jornal *O Paiz* em novembro de 1912, especialmente o do capitão Maximiano de Souza Barros, pode-se inferir que fora feita pelos sócios do Clube Republicano Lopes Trovão para a recepção desse líder republicano, quando regressou da Europa, em 1888. Em novembro de 1889, estava guardada no Clube Tiradentes, que se reunia no mesmo local que o Clube Lopes Trovão.[3] Nela se conservaram, nas faixas horizontais, as cores verde e amarela da bandeira imperial. O quadrilátero, por sugestão de Fávila Nunes, era de fundo negro, para homenagear a raça negra. As estrelas foram bordadas em miçangas brancas. Foi confeccionada em uma alfaiataria de propriedade do próprio capitão Souza Barros.

Figs. XIII e XIV

O capitão vê-se em dificuldades para explicar a opção pelo modelo americano. Houve, segundo ele, relutância de parte dos sócios do clube em aceitar a escolha. Havia entusiasmo pela república da América do Norte, mas confessa que toda a orientação dos revolucionários era francesa. Cantavam a *Marselhesa* — cantaram-na no próprio dia 15 — e só tinham a França como modelo. Daí apressar-se ele a dizer que a escolha não significava submissão aos processos americanos. De fato, a opção foi algo surpreendente. Com toda a probabilidade, o clube era formado de uma maioria de jacobinos e positivistas, e não de "democráticos" ao estilo dos paulistas. A escolha mais lógica seria uma adaptação da bandeira dos inconfidentes. Uma dessas adaptações já fora usada em 1881, na primeira celebração pública da morte de Tiradentes. Ela conservava o desenho original, ao qual acrescentava as cores verde e amarela da bandeira imperial. Por longo tempo figurou na *Gazeta da Noite*.[4] É possível que o argumento decisivo tenha sido a conveniência de adotar um emblema que fosse aceitável também pelos paulistas, pelos republicanos liberais. Seja como for, foi a bandeira "americana" que foi levada em desfile por Patrocínio e outros até a Câmara Municipal e lá hasteada.

Um grupo pequeno mas entusiasta de empregados do comércio, liderados pelo fotógrafo Augusto Malta, confeccionou rapidamente, para uso próprio, outra bandeira, copiada da do Clube Lopes Trovão. Cada um deu cinco mil-réis, compraram o material, fizeram a bandeira e a desfilaram à tarde pela rua do Ouvidor, contornando o largo do Paço e dando vivas à República, algo receosos por ser ainda perigoso levantar tais vivas no dia 15, segundo assegura Malta.[5]

Independentemente, ao que parece, um oficial da Marinha, Gabriel Cruz, estacionado em Pernambuco, fez em 1888 uma bandeira também inspirada na americana e a enviou a Quintino Bocaiuva e a José do Patrocínio. Mantinha as faixas horizontais em verde e amarelo. Mas no quadrilátero, de fundo azul, colocava o Cruzeiro do Sul, circulado por vinte estrelas. As estrelas em círculo, representando os estados, eram inspiradas na bandeira imperial. Não se sabe o destino que teve essa bandeira.[6] Outra bandeira ao estilo americano foi içada a *Fig. XV* bordo do navio *Alagoas*, que levou a família imperial para o exílio (retirada quando o navio passava por São Vicente). Essa bandeira, que Tobias Monteiro julgava ser a que fora hasteada na Câmara, era na verdade cópia dela. Não podia ser a mesma, porque o navio partiu antes que a outra fosse retirada. Além disso, segundo a descrição de Tobias Monteiro, o quadrilátero era de cor azul e não negra.[7] Com toda a probabilidade, é a bandeira que esteve no Museu Naval e hoje se encontra no Museu da República. Malta não dá informação sobre a cor do quadrilátero de sua bandeira. A do *Alagoas* já era azul, e várias testemunhas do dia 15, anos depois, julgavam ser também azul o quadrilátero da bandeira do Clube Lopes Trovão.[8] Essa bandeira se encontra hoje no Museu da Cidade: a cor é preta. Das duas, uma: ou os observadores não prestaram atenção à cor, ou resolveram não prestar atenção. A última hipótese é mais provável para os que a copiaram. Nesse caso, cabe ainda a dúvida: conheceriam o significado dado à cor negra pelo Clube Lopes Trovão? Desse conhecimento dependeria saber se mudaram a cor por razões estéticas ou racistas. Talvez o fizessem pelas duas razões.

Seja como for, foi imediata a reação dos positivistas ortodoxos à bandeira do Clube Lopes Trovão. Rapidamente conceberam outro modelo, que Décio Villares desenhou, e o enviaram ao governo provisório por intermédio de Benjamin Constant.[9] Na concepção da bandeira positivista, como em quase tudo, os ortodoxos seguiram as indicações de Comte. Segundo este, na primeira fase da transição orgânica da humanidade deveriam ser mantidas as bandeiras vigentes, com o acréscimo da divisa política "Ordem e Progresso". Tomaram então a bandeira imperial, conservaram o fundo verde, o losango amarelo e a esfera azul. Retiraram da calota os emblemas imperiais: a cruz, a esfera armilar, a coroa, os ramos de café e tabaco. As estrelas que circulavam a esfera foram transferidas para dentro da calota. A principal inovação, a que gerou maior polêmica, a que ainda causa resistência, foi a introdução da divisa "Ordem e Progresso" em uma faixa que, representando o zodíaco, cruzava a esfera em sentido descendente da esquerda para a direita.

Figs.
XVI e
XVII

Rui Barbosa, um convicto liberal, deve ter sentido a dificuldade de vender a ideia de colocar uma divisa tão claramente positivista na bandeira nacional. Sem querer polemizar com seu colega Benjamin Constant, que fora o verdadeiro ideólogo da república entre os militares, aceitou a ideia mas pediu a Teixeira Mendes que justificasse publicamente o novo emblema. O decreto do governo provisório que adotava a bandeira positivista saiu no dia 19 de novembro, quatro dias após a proclamação, numa demonstração da eficácia da ação dos ortodoxos. A justificação de Teixeira Mendes saiu no *Diário Oficial* de 24 de novembro, e inaugurou uma polêmica em que os dois principais apóstolos da ortodoxia estiveram envolvidos até o fim de suas vidas.[10]

Em sua primeira defesa, Teixeira Mendes não menciona a bandeira que circulou no dia 15. Apenas justifica a nova bandeira.[11] Sempre de acordo com princípios positivistas, alega que o emblema nacional deve ser símbolo de fraternidade e ligar o passado ao presente e ao futuro. A ligação com o passado se dava na conservação de parte da bandeira imperial, segundo ele obra de José Bonifácio (o desenho era de Debret, discípulo de David, o pintor da tricolor francesa). Conservavam-se o desenho imperial e as cores, representações de nossa natureza e nossas riquezas. Até mesmo a cruz permaneceu no Cruzeiro do Sul, uma cruz leiga que podia ser vista com simpatia pelos católicos. Reconhecia-se, desse modo, o passado, a tradição, tanto política como religiosa, pois a Monarquia e o catolicismo eram fases da evolução da humanidade, a ser superadas, mas necessárias e portadoras de aspectos positivos.

A bandeira, continua Teixeira Mendes, tinha de representar também o presente, o novo regime, e o futuro. A divisa "Ordem e Progresso" cumpria esse papel. De um mundo até então dividido entre as duas tendências, com excessos de ordem sendo substituídos por excessos de progresso, passava-se, em consequência das descobertas científicas da dinâmica social do Mestre, a uma concepção que unia os dois polos. Tal concepção era a base da nova dinâmica de confraternização universal, prenúncio da fase final de evolução da humanidade. A conciliação seria, segundo Teixeira Mendes, aspiração atual de todo o povo brasileiro. Descreve, a seguir, a colocação das estrelas e a escolha das constelações. Por fim, num autêntico *tour de force,* tenta ligar o verde da bandeira à nossa filiação com a França, "o centro do Ocidente", prendendo-nos por esse lado "a toda a evolução humana passada, e ao mais remoto futuro". O verde representaria a esperança e a paz inauguradas pela Revolução Francesa. Os atacantes da Bastilha levaram como emblema folhas verdes arrancadas às árvores do Palais Royal. Por aí a bandeira também lembraria Tiradentes, cuja rebelião foi denunciada no mesmo ano da Revolução Francesa.

A oposição à nova bandeira foi também imediata. O *Diário do Commercio* do mesmo dia 24 acusou o governo de adotar um símbolo que se prestava ao ridículo e que refletia a posição de uma seita religiosa, não convindo, portanto, como símbolo nacional. Teixeira Mendes retrucou pelo *Diário Oficial* do dia 26, num artigo irritado e dogmático.[12] Insiste em que a divisa "Ordem e Progresso" não implica adesão ao positivismo. Trata-se de aspiração universal, de aspiração de todo o povo brasileiro. Poderá o jornalista que criticou a divisa dizer que o povo brasileiro não deseja a ordem e o progresso? Comte, como outros gênios da humanidade, Aristóteles, Confúcio, Descartes etc., apenas resumiu a aspiração de sua época. Por outro lado, argumenta, a "seita" positivista nada quer da República, nem mesmo cargos políticos. Quer apenas a ditadura republicana para garantir a ordem e o progresso. Finalmente, justifica a introdução da legenda: as imagens são mais efetivas se acompanhadas de sinais. A bandeira inconfidente possuía legenda. Não foi adotada porque não convinha aos novos tempos. A liberdade não era mais um fim em si mesma — era condição para a ordem e o progresso. Ela de fato se tornara, por assim dizer, tardia.

A crítica voltou-se também para a disposição das estrelas, argumentando que havia equívoco científico, que o novo regime pretendia levar a revolução ao céu e à astronomia. Consultando um astrônomo europeu, um jornalista enviara de Paris um artigo para a *Gazeta de Notícias* em que argumentava que a posição das constelações estava invertida, que a dimensão do Cruzeiro estava exagerada, que a posição de várias estrelas estava incorreta.[13] Teixeira Mendes voltou à carga em publicação do Apostolado de 3 de junho de 1890.[14] Acusa o jornalista da *Gazeta* de falta de patriotismo por ridicularizar um símbolo nacional! A seguir, faz um jogo ambíguo. De um lado, menciona a opinião do astrônomo Manuel Pereira Reis, consultor científico da nova bandeira, segundo a qual a disposição das estrelas refletia o aspecto do céu do Rio de Janeiro na manhã do dia 15 de novembro de 1889. De outro lado, em vista das óbvias incorreções, argumenta que bandeira é idealização, é símbolo, é emblema, não se deve prender à rigorosa representação da realidade. Certa ou não a posição das estrelas, ela lembra o céu brasileiro, o que não faziam as estrelas da bandeira imperial, nem as estrelas da bandeira norte-americana em relação ao céu daquele país. A emblematização permite atingir o coração dos brasileiros, finalidade precípua de uma bandeira.

No mesmo ano de 1890, Eduardo Prado, o inimigo irreconciliável do novo regime, publicou um livro com o título *A bandeira nacional*, em que, entre outras críticas, insiste na incorreção astronômica da disposição das constelações.[15] Eduardo Prado entra em longos detalhes para mostrar a incorreção. Nos anos seguintes, a luta adquire aspectos mais agressivos, particularmente durante o período jacobino. Tudo indica que o próprio Deodoro não ficara satisfeito com a nova bandeira. Após a morte de Benjamin Constant, ele teria procurado reformá-la, provocando novamente a ira de Teixeira Mendes, que ameaça o marechal com o fantasma de Benjamin, para ele o verdadeiro fundador da República, a garantia contra as reações metafísicas, clericais e sebastianistas.

Nem mesmo Floriano ficou livre da vigilância positivista. A 7 de setembro de 1892, um incidente agitou a cidade. Um comerciante da rua da Assembleia, um português, certamente monarquista, exibiu uma tabuleta que representava a bandeira positivista, na qual a divisa "Ordem e Progresso" fora substituída por um "dístico infamante", segundo o *Diário de Notícias*. Não se diz qual era o dístico. Provavelmente era a "Marca Cometa", nome dado pelos opositores à nova bandeira, por se parecer com a propaganda de um produto com aquele nome, a faixa da divisa podendo ser confundida com o rastro de um cometa. Uma personagem de *Fogo fátuo*, de Coelho Neto, refere-se, poucos dias após a proclamação, à bandeira "Marca Cometa".[16] De qualquer modo, naquele dia 7, data da Independência, algumas pessoas se irritaram com a irreverência do comerciante, invadiram a loja, arrancaram todas as tabuletas e foram em procissão levar uma bandeira até o Itamaraty, então palácio presidencial, entre vivas à República e a Floriano. No palácio, houve discursos exaltados, tendo-se ajuntado uma pequena multidão. Uma comissão entrou com a bandeira para entregá-la à guarda de Floriano. Este, como de costume, pronunciou algumas palavras ambíguas relativas a defender a bandeira nacional, mas que todos interpretaram como uma posição clara contra sua modificação. Miguel Lemos não perdeu tempo: no dia 9, telegrafou aos governadores dizendo que o presidente era contrário à mudança.

O deputado Valadão, militar próximo de Floriano, engajado num projeto de mudança da bandeira, certamente com o apoio do marechal, telegrafou a seguir aos governadores negando a interpretação dada por Miguel Lemos. Alguns governadores positivistas manifestaram-se. Os alunos da Escola Superior de Guerra lançaram um manifesto virulento, em nome de Benjamin Constant, contra a ideia de mudar a bandeira. O manifesto era positivista, antipolítico e profundamente autoritário. A razão da reação contra a bandeira, argumentava, era clara: pretende-se profanar a memória de Benjamin Constant "mascarando, por uma imitação empírica e servil, a verdadeira filiação histórica de nossa nacionalidade". Leia-se: querem adotar o modelo da bandeira americana, querem uma república liberal-democrática, em vez da ditadura republicana pregada pelo positivismo, ligada às tradições políticas francesas. O manifesto falava ainda na "politicagem indecente e corruptora", na "parlamentarice de nossos charlatães políticos". Enfim, negava ao Congresso e ao chefe do governo autoridade para modificar a bandeira. Só Benjamin, o chefe da revolução de 15 de novembro, tinha representatividade para instituir a bandeira, o símbolo que resumia as aspirações coletivas do momento. O Clube Republicano Sul-Riograndense, outra fortaleza positivista, manifestou-se no mesmo sentido.[17]

O projeto apresentado ao Congresso por Valadão e outros deputados pretendia retirar da bandeira a divisa positivista e substituir as estrelas pelas armas da República. Antes do episódio do 7 de setembro, ele já telefonara aos governadores pedindo sua opinião. De público, já dissera que Floriano era favorável à mudança. Depois da manifestação dos alunos da Escola Superior de Guerra, consultou os comandantes de batalhões e chefes de guarnições sobre o assunto. A resposta, segundo Miguel Lemos, teria sido desfavorável à modificação. A Câmara decidiu que se consultassem as assembleias estaduais e intendências municipais sobre a supressão, na bandeira, do "símbolo de qualquer seita". A consulta, aparentemente, não foi feita, e a Câmara, ao reiniciar os trabalhos, não voltou ao assunto. Como parte dos incidentes, note-se ainda a recusa do bispo do Rio de Janeiro em abençoar a nova bandeira, como lhe pedira um comandante da Guarda Nacional. A justificativa era a presença na bandeira da divisa da seita religiosa positivista.[18]

A ação dos ortodoxos foi extremamente hábil e eficaz. Ainda que minoria, conseguiram mobilizar setores jacobinos da população e, principalmente, o radicalismo militar. A mudança foi barrada por um veto desses setores. Floriano, embora contra a bandeira — não era positivista —, tinha neles sua base de apoio. Participava de muitos de seus preconceitos, especialmente da ojeriza aos políticos e ao Congresso. Não podia enfrentá-los abertamente em assunto tão delicado. Uma comissão da Escola Militar chegou a visitá-lo para protestar contra a mudança. Ao final de 1893, sua situação tornou-se ainda mais precária, com o rompimento da guerra civil. O assunto da bandeira morreu. Os positivistas ainda tripudiaram sobre sua memória, erguendo-lhe um monumento em que o quadro principal se chamava *Guarda à bandeira*. O marechal aparece descoberto em respeito ao pavilhão, espada na mão direita, pronto para a luta. Por trás dele, enorme bandeira com as figuras de Tiradentes, José Bonifácio e Benjamin Constant. Bem visível, a divisa "Ordem e Progresso".

28. "Glória à pátria!",
Pereira Neto, Revista Illustrada, *16/11/1889*.

Apesar da resistência à divisa positivista, que talvez persista até os dias de hoje, a bandeira republicana teve maior aceitação do que a mitificação dos heróis do 15 de novembro e certamente despertou maior respeito do que a figuração feminina da República. Os cartunistas logo a adotaram nas representações alegóricas do novo regime. Há mesmo uma charge da *Revista Illustrada* do dia 16 de novembro de 1889, de Pereira Neto, que constitui um enigma. Foi a primeira representação da República em forma de mulher no novo regime.

A figura feminina não foge ao estereótipo que já examinamos. O modelo é Atena em sua versão guerreira, indicada pela espada e pelo escudo. O que surpreende é a bandeira que sustém na mão esquerda. Trata-se, sem dúvida, da nova bandeira: observe-se a calota azul atravessada pela faixa do zodíaco, descendente da esquerda para a direita. O problema é a data. Como foi possível publicar tal charge já no dia seguinte à proclamação? Alvarus sugere que a revista já estava no prelo, como que aguardando o acontecimento.[19] Mas isso não resolve o problema da bandeira. Segundo informação dos positivistas, somente após ver a bandeira "americana" no dia 15 é que se mobilizaram para apresentar outro modelo. Havia, então, o trabalho de concebê-lo, consultar o astrônomo Pereira Reis, chamar Décio Villares para desenhá-lo. Além disso, segundo Teixeira Mendes, a primeira sugestão por ele feita ao governo provisório (leia-se Benjamin Constant) fora de adotar a bandeira que Comte propunha para a terceira fase da transição orgânica: fundo verde orlado pelas cores de cada nacionalidade. Miguel Lemos lembrou-lhe que o Brasil estava na primeira fase e que o novo emblema deveria conservar o imperial, acrescentando a divisa. Só então foi desenhada a nova bandeira. No relato do encontro dos positivistas com Benjamin Constant no dia 17 não há menção à bandeira, embora haja referência à introdução da divisa. Já estava então decidido o novo modelo? Nesse caso, Teixeira Mendes já deveria ter falado a Benjamin Constant sobre o assunto no encontro que teve com os membros do governo provisório no dia 15.[20] Mas naquele momento certamente ainda não falara com Miguel Lemos e, se sugeriu uma bandeira, foi a da terceira fase da transição e não a que acabou sendo adotada.

Fica a dificuldade: a charge é do dia 16. Embora certamente desenhada após a proclamação, como o indica a figura de Deodoro com o boné na mão, em pose quase idêntica à do quadro de Bernardelli, só o poderia ter sido no próprio dia 15, para permitir a impressão e distribuição no dia 16. Como então já continha a nova bandeira? O mistério fica mais intrincado se lembrarmos que *O Mequetrefe* do dia 17 traz a alegoria feminina da República e José do Patrocínio empunhando a bandeira "americana" que foi por ele hasteada na Câmara Municipal.

Como resolver? Trata-se de coincidência? Pereira Neto teria tomado a bandeira imperial, eliminado os símbolos do velho regime e colocado o Cruzeiro (símbolo também conhecido, havia uma Ordem do Cruzeiro) na calota azul? É curioso que não consta de sua bandeira a divisa "Ordem e Progresso". Mas por que então a faixa do zodíaco, exatamente como na bandeira positivista? Outra possibilidade é que, apesar da data de publicação, a revista não tenha circulado no dia 16, mas um ou dois dias depois, quando o desenhista já teria tido tempo de entrar em contato com os positivistas, rejeitando, no entanto, sua divisa.

Seja como for, os cartunistas passaram a usar sistematicamente a nova bandeira, com a divisa, a partir de dezembro de 1889. A mesma *Revista Illustrada* a apresenta com a divisa em seu número de 21 de junho de 1890, que saúda o reconhecimento pela República Francesa. Apesar de se prestar facilmente ao ridículo, como o atesta a "Marca Cometa", o novo símbolo foi poupado, mesmo a partir do início das críticas ferinas à República que se utilizavam do uso da figura da mulher. Uma das razões poderia ter sido o medo de represália. Mas tal receio era mais real no início do novo regime, particularmente na fase jacobina. A partir do governo Rodrigues Alves, após a derrota dos militares positivistas em 1904, esse temor não se justificava. Pode-se supor, então, que a bandeira foi respeitada e aceita ou porque era o símbolo oficial, ou porque, de alguma maneira, possuía legitimidade. Um dos poucos exemplos de alteração da divisa, mais em tom crítico que debochado, é uma charge de Angelo Agostini no *D. Quixote* de 25 de novembro de 1895. A República, como mulher, aparece cavalgando na direção oposta ao progresso, em contraste com os Estados Unidos e as outras repúblicas latino-americanas. Em lugar de "Ordem e Progresso", a bandeira traz inscrito "Desordem e Retrocesso". Uma das razões do regressismo está claramente expressa no cartaz levado por Prudente de Morais, que diz: "Política positivista".

A bandeira aparece menos na arquitetura e na pintura. Os monumentos positivistas, como já vimos, a colocam sempre em posição de destaque, representando a pátria e a República. Ela envolve as figuras de Benjamin Constant e

29. "A República Francesa",
Revista Illustrada, 21/6/1890.

30. *"O ano de 1896"*,
Angelo Agostini, D. Quixote, 25/11/1895.

Floriano Peixoto no Rio de Janeiro. No monumento a Júlio de Castilhos, ela domina o quadro principal à frente da pirâmide. Na pintura, há o quadro de Pedro Bruno, talvez o mais importante sobre o tema. É de execução um tanto tardia, 1919, e talvez por isso busque conciliar as posições que se digladiaram no início da República. O quadro apresenta traços claramente positivistas. Embora seu objeto seja a bandeira, o título é "Pátria", ao gosto dos ortodoxos. O conteúdo também poderia ser endossado por Miguel Lemos: um grupo de mulheres de todas as idades, filhas, mães, avós, confecciona a bandeira. É uma exaltação tanto à bandeira e à pátria quanto ao papel moral da mulher na educação dos filhos e no culto dos valores morais da família e da pátria. O símbolo materno é também óbvio na mulher que amamenta e na outra que abraça e beija uma criança. A presença masculina limita-se a um velho quase escondido no canto direito. O quadro refere-se provavelmente ao fato de terem as filhas de Benjamin Constant bordado uma bandeira positivista, que foi oferecida à Escola Militar. Ainda como traço positivista, há um retrato de Tiradentes pregado na parede.

Fig. XVIII

31. *"A primeira notícia"*,
H. Fleiuss, Semana Illustrada, *12/3/1865*.

Mas há também elementos não positivistas. Em primeiro lugar, a figura de Deodoro, que jamais seria aceita pelos ortodoxos, particularmente na ausência de Benjamin Constant. Em segundo lugar, como na bandeira da *Revista Illustrada* do dia 16, não aparece a divisa "Ordem e Progresso". O artista, usando o truque de apresentar uma bandeira incompleta, exclui a divisa, embora registre a faixa branca. Por fim, há uma imagem de Nossa Senhora sobre a mesa, numa clara opção pelo símbolo católico sobre o positivista de Clotilde. Salientando as ligações com o passado, tanto na bandeira como na figura de Tiradentes, e com a cultura popular predominante, por meio da figura da Virgem católica, e ainda conciliando na figura de Deodoro as correntes republicanas, o quadro, que valeu ao pintor um prêmio de viagem à Europa, bem representa as razões do êxito relativo da nova bandeira. Ela não se desvinculava da tradição cultural e cívica do país, e nisso os ortodoxos acertaram. O losango amarelo em fundo verde tremulara nos navios de guerra e nos campos de batalha durante a Guerra do Paraguai. No Rio de Janeiro, as notícias de vitória

32. Rouget de Lisle canta a *Marselhesa* diante do prefeito de Estrasburgo, Pils.

eram comemoradas pelo povo que passeava pelas ruas as cores nacionais, como atestam abundantemente as charges da *Semana Illustrada* de Henrique Fleiuss. O verde-amarelo presidira a quase um século de vida independente do país e fora imortalizado nos versos candentes de um republicano como Castro Alves. A bandeira republicana era ainda o "auriverde pendão", apesar da "Marca Cometa".

O "*TA-RA-TA-TA-TCHIN*": VITÓRIA DO POVO

Mais do que a batalha da bandeira, a do hino nacional significou uma vitória da tradição, pode-se mesmo dizer uma vitória popular, talvez a única intervenção vitoriosa do povo na implantação do novo regime.

Os republicanos da propaganda não tinham hino próprio. Seu hino era a *Marselhesa*, cantada em todas as manifestações, como atesta Medeiros e Albuquerque.[21] A data do 14 de julho era, aliás, uma dor de cabeça para o representante francês, pois os republicanos dela se aproveitavam para cantar livremente o hino libertário e combater a Monarquia. O diplomata ficava no dilema de fazer a festa e arriscar um conflito com o governo, ou não a fazer e desagradar a seus compatriotas.[22]

Aparecia aí com clareza a ambiguidade do hino francês. A *Marselhesa*, até o final do século XIX, era tanto o hino francês como o hino dos revolucionários de todos os países. Na própria França, ela teve uma carreira atribulada. Foi composta em abril de 1792 por Rouget de Lisle como o "Canto de guerra para o exército do Reno", ainda antes da proclamação da República, quando a França acabara de declarar guerra ao rei da Hungria e Boêmia. Difundiu-se rapidamente, competindo com outras canções populares e patrióticas como o *Ça ira* e *La carmagnole*.[23] Em julho de 1792, quando os federados marselheses partiram para Paris, cada um levava um exemplar da canção. Cantaram-na ao longo do percurso e ao chegar a Paris. Cantaram-na principalmente a 10 de agosto, quando ajudaram a invadir as Tulherias, a depor a Monarquia, a proclamar a República. O nome consagrou-se: era a canção dos marselheses, *A marselhesa*. Composição guerreira por excelência, foi levada aos campos de batalha, despertando entusiasmo sempre que era executada. Um general escreveu ao governo: "Enviem-me mil homens ou uma edição da *Marselhesa*".[24]

A Convenção adotou-a como hino oficial da República em 1794. A partir daí, teve uma história conturbada, ao sabor das reviravoltas políticas. Olhada com suspeição sob o Império, rejeitada durante a Restauração, voltou triunfante nas barricadas de 1830. A *Liberdade* de Delacroix conduz o povo à luta cantando-a. É também ela que explode da garganta da *Vitória* na escultura de Rudé. Mas tornou-se de novo subversiva no governo de Luís Filipe. Em 1848, estava de volta nas barricadas e na Segunda República. No ano seguinte, Pils pintou o quadro famoso, embora historicamente incorreto, em que representa Rouget de Lisle cantando sua composição perante o prefeito de Estrasburgo. No Segundo Império, voltou à clandestinidade, para ser recuperada durante a guerra de 1870 e a Comuna.

É só em 1879 que Gambetta lhe restitui o caráter de hino nacional, procurando, ao mesmo tempo, reduzir seu aspecto belicoso e revolucionário para adaptá-la às condições políticas da Terceira República. Como anota Vovelle, a oficialização significou um deslizamento de sentido, uma domesticação do antigo grito guerreiro. O presidente do Conselho afirmou em 1882: a *Marselhesa* não é um canto de guerra, a República é um governo de concórdia e tolerância.[25] A partir da virada do século, ela se viu desafiada entre os operários pela Internacional, composta em 1888.

Se na França tentava-se fazer da *Marselhesa* o hino da pátria e não da revolução, em outros países ela ainda representava um grito de guerra e de revolta. Daí as dificuldades do representante francês no Rio. Para os republicanos brasileiros, ela era o próprio espírito da revolução. Mas também para eles se colocava a necessidade de dar um toque brasileiro ao movimento. Em uma sessão espírita no Rio, o espírito de Rouget de Lisle chegou a ditar uma *Marselhesa brasileira*, letra e música. A letra era atroz:

> [...]
> Livre ser!
> Livre feito
> Clame nosso peito!
> Clame nosso peito!
> Como um trovão desfeito!
> Vivam, vivam, vivam os marciais,
> Fortes, leais!
> Vivam, vivam, os marciais![26]

Silva Jardim buscara uma letra brasileira para a *Marselhesa*. Isso ao final de 1888, começo de 1889. Mas Olavo Bilac e Luís Murat, a quem se dirigira, se recusaram a colaborar, por influência de Patrocínio, que estava em plena fase isabelista. Foi então que Medeiros e Albuquerque lhe propôs fazer a letra, que foi adotada como hino oficial do Partido Republicano, a ser cantada com a música da *Marselhesa*. Houve mesmo, pouco antes da proclamação, um concurso para musicar esse texto, tendo ganhado a composição de Ernesto de Sousa, um farmacêutico.[27]

No dia 15 de novembro, no entanto, foi ainda a *Marselhesa* que se ouviu pelas ruas, letra e música de Rouget de Lisle. O governo provisório decidiu em 22 de novembro de 1889 promover outro concurso para musicar a letra de Medeiros e Albuquerque. Nesse meio-tempo, no entanto, ocorreu um episódio que mudou a direção dos acontecimentos. O major Serzedelo Correia preparara

33. *"Allons, enfans* [sic] *de la patrie!"*, O Diabo a Quatro, *19/11/1872*.

uma manifestação militar a Deodoro no dia 15 de janeiro de 1890, com o fim não declarado de promover por aclamação os membros do governo provisório. Povo e tropas da Marinha ajuntaram-se em frente ao palácio do Itamaraty. Proclamados Deodoro generalíssimo, Wandenkolk, vice-almirante, e o ministro da Guerra, Benjamin Constant, general de brigada, as bandas tocaram a *Marselhesa* e marchas militares, sem despertar o entusiasmo da pequena multidão que se aglomerava em frente ao palácio. Estabeleceu-se um clima de expectativa. Não se sabe se preparado de antemão ou espontâneo, veio o pedido para que fosse tocado o velho hino de Francisco Manuel da Silva. Serzedelo levou o apelo a Benjamin, este consultou Deodoro. Decidiu-se na hora que fosse tocado o hino e que ele continuasse como hino nacional. As bandas militares, como se esperassem pelo resultado, irromperam com o popular *Ta-ra-ta-ta-tchin*, para delírio da assistência, segundo depoimentos de testemunhas oculares. Houve quem chorasse ao ouvir de novo os acordes do velho hino, caro sem dúvida também aos militares que tinham lutado no Paraguai ao som de suas notas ágeis e alegres. Finda a cerimônia, as bandas saíram pelas ruas tocando o hino, acompanhadas pela população.[28]

Não há registro de reação negativa à decisão de manter o hino monárquico. Se houve alguma manobra por parte de Serzedelo, ela sem dúvida correspondia ao desejo popular e ao de boa parte dos militares, certamente dos da Marinha, que nunca foram entusiastas da República. Jornalistas ligados ao governo já tinham insistido na necessidade de não trocar o hino, lembrando que a música de Francisco Manuel já se enraizara na tradição popular, já se tornara símbolo da nação antes que de um regime político. Raul Pompeia era dessa opinião. Não acreditava em hinos de encomenda, desligados das alegrias e desespero de um povo.[29]

Além da consagração popular, a música de Francisco Manuel fora ainda referendada nos meios eruditos pela fantasia que sobre ela compusera Louis Moreau Gottschalk. O pianista de Nova Orleans chegara ao Rio em maio de 1869, depois de longo percurso pela América do Sul. Precedido da fama de um virtuoso do piano, reconhecido na Europa, onde estudara durante onze anos, foi recebido com honras pelo imperador. Seus concertos, segundo suas próprias palavras, faziam furor na Corte. Compôs logo uma fantasia sobre o hino brasileiro, que executava em todas as apresentações, para delírio da plateia. Lembre-se, para melhor entender a reação do público, que a guerra contra o Paraguai estava em seu último ano e o espírito patriótico se achava particularmente excitado.

Gottschalk, um Fitzcarraldo *avant la lettre*, planejou um concerto gigantesco com 650 músicos, nove bandas da Guarda Nacional, quatro da Marinha, duas do Exército, uma de professores de música. Eram 55 cordas, 65 clarinetes, 60 trompetes, 60 trombones, 55 *saxhorns*, 50 tubas, 11 *picolos* etc. A cidade jamais vira algo igual. O pianista esgotava-se no esforço de ensaiar essa pequena multidão: "Sou uma pilha voltaica sinfônica; uma máquina a vapor que virou homem. [...] Meu coração é um vulcão, minha cabeça um caos!", escreveu a amigos. A estreia foi no dia 24 de novembro, em ambiente de mil e uma noites, segundo um repórter. Depois de várias obras de Gottschalk e outros compositores, o programa terminou com uma *Marcha solene brasileira*, fantasia sobre o hino nacional, acompanhada de uma salva de canhão nos bastidores. Foi a apoteose, que teve de ser bisada. No dia seguinte, Gottschalk quase desmaiou de esgotamento no palco e precisou ser levado para casa. Não se recuperou mais e morreu a 18 de dezembro, espalhando o luto pela cidade. Foi um meteoro musical que cruzou o Rio, deixando no rastro, entre outras lembranças, a consagração erudita do hino de Francisco Manuel da Silva.[30]

O concurso do governo transformou-se então em competição para escolher a música do hino da proclamação da República e não mais do hino nacional. A decisão foi no dia 20 de janeiro de 1890, no Teatro Lírico, presentes os membros do governo provisório e uma plateia que lotava totalmente a sala. Competiam alguns dos mais importantes músicos da época, como Francisco Braga, Jerônimo de Queiroz, Alberto Nepomuceno e Leopoldo Miguez. Este último era diretor do Instituto Nacional de Música. Segundo Medeiros e Albuquerque, Rodrigues Barbosa, funcionário do Ministério do Interior e colaborador de Miguez na reorganização do Instituto, providenciou uma claque para aplaudir a música do diretor: encheu o teatro com amigos de Miguez. O esforço foi em parte contrabalançado pelos alunos do Instituto Profissional, onde ensinava Francisco Braga. Sabedores da mutreta, resolveram executar desastradamente o hino de Miguez. As duas composições foram as favoritas. O júri deu a vitória a Miguez, cuja composição tinha na frase inicial um compasso da *Marselhesa*. O governo declarou, então, que a música de Miguez seria do *Hino da proclamação da República* (para os que não se lembram: "Liberdade, liberdade! Abre as asas sobre nós!"). Tocado novamente o hino vitorioso, a plateia pediu o hino antigo, já agora novamente hino nacional. Segundo o repórter insuspeito de *O Paiz*, "a impressão que a composição de Francisco Manuel produziu no nosso público não se descreve. Foi um delírio! Se no dia 15 do corrente não se tivesse escolhido este hino, o hino nacional dos Estados Unidos do Brasil, seria talvez aclamado e escolhido ontem".[31]

Não havia como tentar mudar o velho hino sem incorrer em grande desagrado e possível resistência popular. A República ganhou cedendo lugar à tradição. Ao hino de Francisco Manuel foi dada em 1909 a letra de Osório Duque Estrada, oficializada em 1922. A letra original já caíra em desuso desde a Monarquia.

A história posterior da República confirmou as raízes populares do hino imperial, agora com a nova letra, popularizada como o *Virundum*. Em momentos de oposição aos governos militares, o hino serviu muitas vezes de ca-

34. "Hymno da proclamação da República dos Estados Unidos do Brazil", Biblioteca Nacional.

nal para extravasar a emoção cívica de multidões na praça pública. Não é outra coisa que se pede de um símbolo nacional: a capacidade de traduzir o sentimento coletivo, de expressar a emoção cívica dos membros de uma comunidade nacional.

Os dois episódios aqui comentados reforçam as análises anteriores do mito do herói e da representação feminina. A República brasileira, à diferença de seu modelo francês, e também do modelo americano, não possuía suficiente densidade popular para refazer o imaginário nacional. Suas raízes eram escassas, profundas apenas em setores reduzidos da população, nas camadas educadas e urbanas. O grosso da nação era-lhe alheio, se não hostil. Sua proclamação por iniciativa militar também não contribuiu para popularizá-la. O esforço de recriar o imaginário caía no vazio, quando não encontrava resistência ou se prestava ao ridículo.

Só quando se voltou para tradições culturais mais profundas, às vezes alheias à sua imagem, é que conseguiu algum êxito no esforço de se popularizar. Foi quando apelou à Independência e à religião, no caso de Tiradentes; aos símbolos monárquicos, no caso da bandeira; à tradição cívica, no caso do hino. Eram frequentes as queixas dos republicanos em relação à falta de capacidade do novo regime de gerar entusiasmos. Em maio de 1890, um deles escrevia na *Revista Illustrada* que, seis meses passados desde a proclamação, não havia moeda republicana, não se ouvia a *Marselhesa* nem o hino da proclamação, quase não se via a nova bandeira. Os símbolos monárquicos, continuava, ainda se viam em quase todos os edifícios públicos. O articulista apelava ao governo para que se esforçasse mais por despertar o entusiasmo nas almas, por meio desses poderosos instrumentos de propaganda.[32]

6. Os positivistas e a manipulação do imaginário

Ao longo dos capítulos precedentes, a presença dos positivistas ortodoxos foi constante e notória. Eles se envolveram intensamente em todas as batalhas simbólicas aqui discutidas: as do mito de origem, do herói, da alegoria feminina, da bandeira. Só não se manifestaram no caso do hino, talvez por concordarem com a solução adotada. Constituíram, sem dúvida, o grupo mais ativo, mais beligerante, no que diz respeito à tentativa de tornar a República um regime não só aceito como também amado pela população. Suas armas foram a palavra escrita e os símbolos cívicos. Por eles e com eles lutaram com dedicação apostólica (seus inimigos diriam com obsessão de fanáticos). Daí merecerem atenção especial.

Há pelo menos dois pontos que podem ajudar a entender sua atuação. O primeiro e mais óbvio é a própria doutrina comtista; o segundo é a concepção dos ortodoxos sobre a tática política que deveria ser adotada no Brasil para levar adiante as reformas indicadas por Comte. Começarei pelo primeiro.

O IMAGINÁRIO COMTISTA

Mesmo antes do episódio do encontro com Clotilde de Vaux, em 1844, responsável por sua "regeneração moral", o pensamento de Comte já exibia elementos que não provinham simplesmente de fontes científicas, ou positivistas, no sentido estrito do termo. A influência de Saint-Simon, dos elementos utópicos de seu pensamento, não deveria ser alheia a essa tendência que se manifestava sobretudo nas visões grandiosas de Comte sobre a evolução da humanidade e, talvez, já na ambição de substituir a utopia católica da Idade Média pela utopia leiga da Idade Positiva.[1]

Mas foi sobretudo a partir do encontro com Clotilde que Comte desenvolveu os elementos utópicos e religiosos de seu pensamento. O sentimento foi colocado em primeiro plano, deslocando a razão, base de sua obra anterior, para uma posição subordinada. Em vez de uma simples filosofia ou uma filosofia da história, o positivismo comtiano evoluiu na direção de uma religião da humanidade, com sua teologia, seus rituais, sua hagiografia. Pretendendo ser uma concepção laica, fundia o religioso com o cívico, ou melhor, o cívico se tornava religioso. Os santos da nova religião eram os grandes homens da humanidade, os rituais eram festas cívicas, a teologia era sua filosofia e sua política, os novos sacerdotes eram os positivistas. Na base da nova humanidade, Comte colocou o sentimento do altruísmo, substituto da caridade católica. Ainda na esteira do comunitarismo católico, salientou as instituições de solidariedade, hierarquizando-as. Na base, ficava a família, seguida da pátria e, como culminação do processo, a humanidade.[2]

A guinada "clotildeana" foi indiscutível na elaborada visão da mulher e de seu papel na evolução social. No *Cours de philosophie*, sua posição em relação à mulher não discrepava da visão tradicional de inferioridade em relação ao homem. Agora, misturando descobertas da biologia e visões católico-feudais, ele terminou por afirmar a superioridade social e moral da mulher sobre o homem. Tal superioridade se basearia no fato de a mulher representar o lado afetivo e altruístico da natureza humana, ao passo que o homem seria o lado ativo e egoísta. A mulher, como o demonstraria a biologia, seria o principal responsável pela reprodução da espécie, enquanto o homem se prestaria mais à transformação do ambiente, à atividade industrial. Na preservação da espécie, o papel da mulher não se limitaria à reprodução, mas se daria especialmente na família, em que, como mãe, ela teria a responsabilidade da formação moral do futuro cidadão.

Daí à alegorização da figura feminina era apenas um passo. A Virgem católica, alegoria da Igreja, tornou-se no positivismo a Virgem-Mãe, alegoria da humanidade. Como disse o próprio Comte, "o culto ocidental da Virgem-Mãe [tornou-se] o preâmbulo espontâneo da adoração universal da Humanidade. Porque o Grão-Ser realiza a utopia feminina fecundando-se sem assistência alguma estranha a sua própria constituição".[3] A utopia feminina, no caso, seria a partenogênese, a capacidade que teria a mulher de gerar filhos sem a interferência masculina, uma evolução que Comte acreditava poder deduzir dos avanços dos conhecimentos biológicos de seu tempo. O passo seguinte foi especificar o tipo de mulher que deveria representar a humanidade e manifestar o desejo de que a figura de Clotilde fosse gravada nas bandeiras ocidentais.

O dogma da superioridade do sentimento e do amor sobre a razão e a atividade aplicava-se também às raças e às culturas. A raça negra seria superior à branca por se caracterizar, como as mulheres, pelo predomínio do sentimento, ao passo que a raça branca era marcada pela razão. Os países latinos estavam na mesma posição vantajosa em relação aos anglo-saxões. Representariam o lado feminino da humanidade, seriam os portadores do progresso moral, enquanto os anglo-saxões seriam o lado masculino, o progresso material, as ciências menos nobres. Apesar da grande importância do progresso material, seu papel seria secundário na evolução da humanidade, que se baseava sobretudo na moral, na expansão do altruísmo. Entre os países latinos, ainda é Comte quem fala, a França seria *le pays central*, e Paris, a cidade central. Os templos positivistas deveriam ser construídos voltados para Paris, assim como os templos muçulmanos se voltavam para Meca.

A República entrava nessa concepção como fator essencial da transição orgânica para a fase final. Ela marcaria o início da transição, por superar a fase metafísica em que elementos externos (monarquias hereditárias com base no direito divino dos reis) ainda perturbavam a evolução humana. Repúblicas deveriam ser verdadeiras comunidades, extensões da família. Comte, na esteira de Rousseau, queria repúblicas que não excedessem 3 milhões de habitantes e se aproximassem do tamanho da Bélgica. A própria França deveria ser dividida em dezessete repúblicas diferentes. Na fase final, o mundo contaria com quinhentas repúblicas. Estas seriam as "pátrias normais", que o filósofo preferia chamar de "mátrias", para salientar os aspectos comunitários e afetivos, voltando, ao mesmo tempo, ao imaginário feminino. Daí

35. A humanidade personificada
em Clotilde de Vaux,
Décio Villares.

também a possibilidade de representar a pátria republicana por meio da figura da mulher.

Tendo-se afastado de Saint-Simon por criticar nele a tendência a construir uma paródia do catolicismo, Comte acabou por fazer exatamente isso. O volume IV do *Système de politique positive* dedica-se a descrever o novo culto. Há um calendário positivista, com treze meses, cada mês com quatro semanas, cada semana com sete dias. Cada mês e cada dia são dedicados a uma figura considerada importante na evolução da humanidade. Há também um "quadro sociolátrico", em que são prescritas 81 festas cívicas, incluindo naturalmente uma dedicada às mulheres. O templo positivista deveria exibir a estátua da humanidade em posição central. Haveria também altares laterais, um deles dedicado às santas mulheres.

Consequência de tudo isso era a grande importância atribuída aos sentimentos e à maneira de atingi-los, isto é, à expressão artística. A estética foi outra área desenvolvida pelo comtismo após a "renascença" clotildeana. O

36. A humanidade personificada em Clotilde de Vaux, *Eduardo de Sá*.

primeiro volume do *Système* propunha-se a estabelecer, num capítulo intitulado "Aptidão estética do positivismo", uma teoria geral da arte. Segundo a estética positivista, a imaginação artística deve ter por inspiração o sentimento, por base a razão, e por fim a ação. Isso significa que ela não poderia afastar-se da realidade definida pela ciência, ao mesmo tempo em que devia buscar afetar a política, mediante a idealização dos valores e das pessoas consideradas modelos para a humanidade. Em suas próprias palavras, "a arte consiste sempre em uma representação ideal do que é, ela se destina a cultivar nosso instinto de perfeição".[4] Trata-se de uma estética naturalista, em que o belo se subordina a uma noção de verdade e se põe a serviço do bem. Como já foi observado, é uma concepção de arte que não se afasta muito da de David, se deixarmos de lado questões de estilo. O estilo neoclássico revolucionário podia dar lugar ao romântico, sem com isso quebrar a visão da natureza e finalidade da arte.

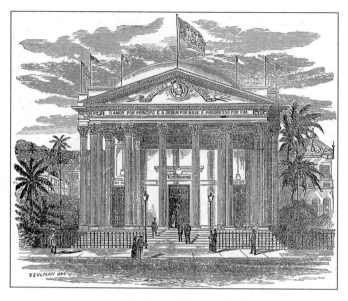

*37. Templo da Humanidade
no Rio de Janeiro.*

A TÁTICA BOLCHEVISTA DOS ORTODOXOS*

Os ortodoxos brasileiros basearam-se principalmente nos ensinamentos finais de Comte, salientando os aspectos religiosos e ritualísticos. Por essa razão, foram acusados pelos adversários de excesso de ortodoxia, de fanatismo religioso, até mesmo de lunatismo. Ridicularizava-se, sobretudo, sua clotildolatria.[5] O que os adversários nem sempre compreendiam era que a ortodoxia não constituía um fim em si mesmo, ela tinha uma finalidade política. E foi exatamente no fim político a que visavam que os brasileiros se mostraram ao mesmo tempo menos ortodoxos e mais enfáticos no uso do imaginário. Tão convencidos estavam de sua missão política que não seria despropositado chamá-los de bolchevistas de classe média. A expressão faz justiça à admiração

---

* Algumas das ideias desenvolvidas nesta seção foram expostas em trabalho publicado na *Revista do Brasil*, ano IV, n² 8 (1989), pp. 50-6, intitulado "A ortodoxia positivista no Brasil: um bolchevismo de classe média".

38. Altar-mor do Templo da Humanidade
no Rio de Janeiro.

que Comte manifestava pelos jacobinos, nos quais provavelmente via uma antecipação do sacerdócio positivista.

Com efeito, Miguel Lemos e Teixeira Mendes, os dois reconhecidos chefes da ortodoxia positivista, efetuaram uma reorientação do movimento no Brasil. Anteriormente a seu ingresso, dominava a corrente mais próxima de Littré, o discípulo de Comte que não aceitava a fase pós-Clotilde do mestre. Tal era a orientação de Pereira Barreto e da Sociedade Positivista do Rio de Janeiro. Era também a orientação de ambos os líderes antes de sua conversão em Paris, após contato com Pierre Laffitte, o chefe da corrente ortodoxa. Ao regressar ao Brasil, em 1881, Lemos buscou imediatamente assumir a direção da Sociedade, convencendo Laffitte a indicá-lo para o posto. Sua atitude não refletia mera disputa pelo poder, era também uma questão de princípios. Lemos não aceitava que o chefe anterior, J. R. de Mendonça, pudesse ser, ao mesmo tempo, positivista e senhor de escravos. Também não admitia que outro candidato à chefia, Álvaro de Oliveira, ocupasse cargo de professor na Escola Politécnica, contrariando as indicações de Comte.[6]

Dois anos mais tarde, em 1883, deu-se a ruptura com o próprio Laffitte, acusado pelos brasileiros de ser infiel aos ensinamentos de Comte, especialmente no que concernia à ocupação de cargos públicos por positivistas. De acordo com Laffitte, a proibição só se aplicava ao sacerdócio; ela era apenas um conselho para os outros positivistas, isto é, para os práticos. Lemos, citando o *Apelo aos conservadores*, respondia que a proibição se aplicava a todos os positivistas, tanto teóricos quanto práticos. Vários positivistas franceses, como Robinet e Dubuisson — este último um amigo pessoal de Lemos —, colocaram-se ao lado de Laffitte. A posição dos ortodoxos brasileiros parecia-lhes uma demonstração de puritanismo, de fé exagerada. De Londres, Harrison acusou os brasileiros de carolice pueril.

Aparentemente, tratava-se de fato de um excesso de rigor, de uma preocupação exagerada em seguir ao pé da letra as recomendações de Comte. A leitura da correspondência de Miguel Lemos com Laffitte, depositada na Maison d'Auguste Comte em Paris, permite, no entanto, outra interpretação.[7] As cartas revelam com clareza a justificativa política de sua atuação à frente dos positivistas. Miguel Lemos interpretava a realidade brasileira de maneira nada ortodoxa, e um dos resultados dessa interpretação era a maior ênfase na urgência da ação política. Por se tratar de ponto central, cito com alguma extensão o trecho de uma das cartas, datada de 22 de agosto de 1881 (minha tradução):

Aqui [no Brasil], são as classes liberais e instruídas que farão a transformação. Não temos um proletariado propriamente dito, nossa indústria é exclusivamente agrícola, e o trabalhador rural é o negro escravo. Isso modifica muito a situação dos positivistas brasileiros e torna-a muito diferente do que ela é em Paris e em Londres. Lá, vossa ação ainda é latente; ainda estais como que perdidos no meio dessas grandes cidades, onde procurais vos apoiar na elite do proletariado. Aqui, pelo contrário, estamos em plena evidência, pertencendo nós mesmos às classes liberais, sobre as quais agimos diretamente, todos os olhares estão voltados para nós, todos os nossos atos e palavras se tornam imediatamente os acontecimentos do dia. Os mundos científico e oficial, longe de ser como o vosso, cidadelas da reação, são aqui, ao contrário, os elementos mais modificáveis, e neles obtemos todos os dias adesões e simpatias. Tudo isso exige do Positivismo uma atividade extraordinária, a fim de estar preparado para atender às necessidades do público. Amanhã teremos sábios, estadistas, indivíduos altamente colocados, aceitando uma parte das nossas concepções, ou mesmo totalmente convertidos ao Positivismo. Deveremos nos mostrar à altura das circunstâncias. Mas para chegar lá, considerando as circunstâncias indicadas acima, não precisaremos apenas de devotamento e atividade, mas também de uma organização e uma disciplina suficientemente desenvolvidas.

Trata-se, em primeiro lugar, de uma análise pouco ortodoxa. Comte jamais viu nas classes liberais um elemento de transformação. Além do próprio sacerdócio, os grupos ou classes dos quais esperava uma ação regeneradora eram os proletários, o patriciado e as mulheres. A ênfase em um desses grupos variava de acordo com a recepção que encontrava. No período que precedeu a revolução de 1848, o contato com alguns operários que assistiam a seu curso sobre astronomia levou-o a ver neles os principais mensageiros do positivismo. Um desses operários, Magnin, foi por ele apontado como modelo de estadista e indicado como membro do triunvirato que deveria governar a França na fase final. Os acontecimentos de 1848 demonstraram, segundo ele, que os proletários estavam ainda por demais presos à utopia revolucionária. Voltou-se, então, para o patriciado, para quem escreveu o

OCUPAÇÃO DOS SIGNATÁRIOS DA CIRCULAR COLETIVA, 1883

OCUPAÇÃO	Nº
Estudantes de medicina, engenharia, matemática	6
Engenheiros, médicos, matemáticos	7
Empregados públicos	7
Advogados, magistrados	2
Operário, agrimensor	2
Total	24

Fonte: *Circulaire collective adressée à tous les vrais disciples d'Auguste Comte*, Rio de Janeiro, Au Siège de la Société Positiviste, 1884.

Apelo aos conservadores (1855). Por fim, pareceu-lhe que o público mais receptivo seriam as mulheres católicas. Para elas, principalmente, fora escrito *O catecismo positivista*.[8] As classes liberais (classes médias) não tinham lugar na sociedade futura, e na França de sua época lhe pareciam por demais atraídas ou para o liberalismo ou para a esquerda revolucionária, dois exemplos de metafísica que ele abominava.

Lemos percebia que no Brasil o proletariado rural não existia politicamente e o urbano apenas começava a formar-se. Percebia também que os conservadores estavam presos socialmente à escravidão e politicamente aos princípios do liberalismo e da Monarquia representativa. As mulheres constituíam um elemento acessível, mas o trabalho entre elas só poderia ser de longa duração, dada a força das tradições católicas e patriarcais. Restavam-lhe, então, as classes médias, em que via elementos passíveis de se transformar em forças do progresso. Nessas classes, salientavam-se os profissionais liberais de formação científica — engenheiros, médicos, matemáticos, professores em geral. As escolas de medicina, de engenharia e mesmo de direito eram os principais focos de contestação intelectual e política e de resistência ao escravismo.

A posição social dos ortodoxos ajustava-se a tal interpretação. Lemos era filho de um oficial reformado da Marinha que não tinha sido capaz de pagar a educação do filho. Teixeira Mendes, seu *alter ego*, era filho de engenheiro. Os dados sobre a ocupação das 24 pessoas que assinaram a circular coletiva de

3 de dezembro de 1883, na qual Lemos formalizava a ruptura com Laffitte, reforçam a tese (ver quadro ao lado).

Miguel Lemos foi excluído do cálculo por estar naquele momento completamente dedicado ao sacerdócio. Depois da ruptura com Laffitte, teve de procurar emprego, tendo-o encontrado na Biblioteca Nacional. Vê-se facilmente nos dados que se tratava de indivíduos muito especiais — a começar pelo fato de todos terem ocupações urbanas. Não havia entre eles camponeses nem proprietários rurais. Depois, pertenciam às camadas médias, ninguém era proprietário urbano, banqueiro ou comerciante. Finalmente, nenhum deles fazia parte da elite política. Os signatários empregados públicos eram professores de liceu ou ocupavam cargos secundários na administração. Havia apenas dois representantes da formação tradicional da elite política imperial — a saber, um advogado e um juiz. O advogado não exercia a profissão, ganhava a vida como professor de português num liceu.

Deduz-se daí que os ortodoxos não eram apenas pessoas pertencentes às classes médias. Representavam um setor específico dessas camadas, o setor técnico e científico, composto por médicos, engenheiros, matemáticos. Os próprios empregados públicos eram quase todos ex-alunos das escolas de medicina e da Escola Politécnica. A elite política do Império, ao contrário, era naquele momento dominada por advogados e juízes, seguidos a alguma distância pelos proprietários rurais.

Não deixava de haver aí ironia, se não contradição. A base política com que Miguel Lemos julgava poder contar tinha mais afinidade com o littréismo do que com o comtismo, ou seja, era mais próxima do *Cours de philosophie* do que do *Système de politique positive*. Tratava-se de uma contraelite que baseava seu poder no saber técnico, no cientificismo. Lemos procurava mobilizá-la empregando os instrumentos do segundo Comte, inclusive as práticas religiosas, por lhe parecerem mais adequadas para formar um núcleo de ativistas homogêneo e disciplinado. Os choques gerados pela contradição não se fizeram esperar. Vários membros da Sociedade Positivista se afastaram, por não aceitarem a nova orientação. Entre eles, estavam líderes republicanos importantes, como Benjamin Constant e Silva Jardim.

Os atritos não se limitavam ao aspecto religioso. Tinham também a ver com a dificuldade de convencer os técnicos a não aceitar as benesses do Estado. A posição de Comte era clara quanto a esse ponto. Ele dissera no *Apelo aos conservadores* que, durante a fase de transição para a sociedade normal, tanto os positivistas teóricos quanto os práticos deveriam limitar-se à influência consultora "mesmo quando postos de direção lhes fossem oferecidos".[9] Lemos pisava aqui em terreno sólido. Num país em que a visibilidade do governo era grande, em que a procura do emprego público era intensa, em que o favor e a proteção dos amigos determinavam a ascensão política, não aceitar posições de poder era quase um ato de heroísmo cívico, era a rejeição de uma prática universal embora muito criticada. Era grande a autoridade moral daí resultante. Os ortodoxos talvez não estivessem errados ao pensar que no Brasil o aspecto moral, isto é, o fato de sua ação corresponder a suas palavras, a ausência de hipocrisia, pesava muito na propaganda. Mais ainda, a aceitação de cargos públicos, segundo Lemos, poderia também comprometer os positivistas, expô-los às bajulações e às seduções do poder e, por consequência, afastá-los do objetivo supremo de sua ação, que era a incorporação do proletariado à civilização (Carta de 24 de março de 1883 a Laffitte).[10]

As dificuldades, no entanto, só levavam ao redobrar de esforços por parte dos ortodoxos para ganhar a adesão dos grupos médios e o respeito do grande público. Está também fora de dúvida que a ênfase na religião tinha a ver com a percepção da força da tradição católica no Brasil e com a concepção de Comte de que entre os católicos se encontravam os ouvintes mais receptivos. Os ortodoxos foram sempre cuidadosos em não agredir o catolicismo, em não criar incompatibilidades, se bem que não fossem tratados com a mesma gentileza pelos católicos. Havia ainda o público feminino, que, falhando a estratégia da transformação rápida pela classe média, poderia tornar-se elemento importante. Não faltaram também esforços de aproximação com o proletariado urbano.

Os ortodoxos no Brasil mais pareciam um grupo político com ideias muito precisas sobre a tarefa a realizar e os meios a utilizar do que um bando de fanáticos religiosos e loucos. Poder-se-ia mesmo dizer, forçando um pouco a comparação, que propunham um bolchevismo de classe média, isto é, um voluntarismo político que acreditava poder forçar a marcha da história pela ação de uma vanguarda política bem organizada, homogênea, disciplinada ou, na expressão de Comte, pela ação de um núcleo fortemente organizado. Como no bolchevismo leninista, não havia contradição com a filosofia da história que lhes servia de fundamento. Para o marxismo tanto quanto para o positivismo, a história é governada por leis que os homens não podem modificar. Mas isso não impede que eles a possam fazer caminhar mais rápido. Nos dois casos, era na verdade a crença nas leis que dava aos militantes a certeza e a fortaleza de que tanto necessitavam.

MANIPULADORES DE SÍMBOLOS

A junção da doutrina comtista com a visão estratégica dos ortodoxos fez desses positivistas os principais manipuladores de símbolos da República. Se a doutrina lhes dava o conteúdo da simbologia, a concepção estratégica impulsionava-os para a ação com maior urgência do que a sentida pelos positivistas franceses, ou europeus em geral, mesmo os de convicção comtiana. O Brasil se lhes apresentava como às portas de grandes transformações, talvez mesmo de verdadeiro salto na sequência das fases evolutivas. Além disso, viam-se em posição privilegiada para apressar a marcha da história. Daí se terem lançado à doutrinação política com convicção e energia de apóstolos.

Se a ação tinha de se basear no convencimento, impunha-se o uso dos símbolos. Em primeiro lugar, sem dúvida, a palavra escrita e falada. Dela fizeram uso abundante em livros, jornais, publicações da Igreja, conferências públicas. Era sua arma principal de convencimento dos setores médios. Mas empregaram também o simbolismo das imagens e dos rituais, especialmente tendo em vista dois públicos estratégicos, as mulheres e os proletários, menos afetos, ao menos no Brasil, à palavra escrita. Atingir esses dois públicos, convencê-los da verdade da doutrina, era condição indispensável ao êxito final da tarefa que se impunham. A briga pelas imagens adquiria importância central.

A presença de um positivista como Benjamin entre os proclamadores da República fora um golpe de sorte, mas cairia no vazio se a propaganda não levasse adiante a tarefa do convencimento. Daí a luta incansável dos ortodoxos pelo coração e pela cabeça dos cidadãos, por meio da batalha dos símbolos. Daí sua luta pelos monumentos, pelo mito de Tiradentes, pela bandeira republicana, pela figura feminina. Sua ação lembrava a de todos os revolucionários modernos, desde David até o realismo socialista.

As mesmas condições sociais que levaram os ortodoxos a acreditar que o papel de protagonista político caberia às classes educadas fizeram com que sua influência maior fosse exercida sobre as elites. Mas, nos casos em que sua ação política encontrou apoio nas tradições populares, cabe-lhes o mérito de ter contribuído de maneira substantiva para a construção do pouco que subsistiu de imaginário republicano.

Conclusão

Falharam os esforços das correntes republicanas que tentaram expandir a legitimidade do novo regime para além das fronteiras limitadas em que a encurralara a corrente vitoriosa. Não foram capazes de criar um imaginário popular republicano. Nos aspectos em que tiveram algum êxito, este se deveu a compromissos com a tradição imperial ou com valores religiosos. O esforço despendido não foi suficiente para quebrar a barreira criada pela ausência de envolvimento popular na implantação do novo regime. Sem raiz na vivência coletiva, a simbologia republicana caiu no vazio, como foi particularmente o caso da alegoria feminina.

Não por acaso, o debate mais vivo gira ainda hoje em torno do mito de origem e das utopias republicanas. É um debate ideológico e historiográfico, limitado ao pequeno círculo dos beneficiários do regime. Mesmo aí transparece o caráter inconcluso da República: em seus cem anos de vida, ela não foi mesmo capaz de estabelecer um consenso mínimo entre seus adeptos. As alternativas colocadas nos primeiros dias ainda parecem a muitos desejáveis e factíveis. Se o modelo liberal-democrático ganha forças, ainda permanecem vivos fortes bolsões jacobinos, e traços positivistas ainda se agarram tenazmente aos flancos da República. Nem mesmo há segurança de que a moderna visão do deodorismo esteja definitivamente morta.

A falta de uma identidade republicana e a persistente emergência de visões conflitantes ajudam também a compreender o êxito da figura de herói personificada em Tiradentes. O herói republicano por excelência é ambíguo, multifacetado, esquartejado. Disputam-no várias correntes; ele serve à direita, ao centro e à esquerda. Ele é o Cristo e o herói cívico; é o mártir e o libertador; é o civil e o militar; é o símbolo da pátria e o subversivo. A iconografia reflete as hesitações. Com barba ou sem barba, com túnica ou de uniforme, como condenado ou como alferes, contrito ou rebelde: é a batalha por sua imagem, pela imagem da República.

Ele se mantém como herói republicano por conseguir absorver todas essas fraturas, sem perder a identidade. A seu lado, apesar dos desafios que surgem nas novas correntes religiosas, talvez seja ainda a imagem da Aparecida a que melhor consiga dar um sentido de comunhão nacional a vastos setores da população. Um sentido que, na ausência de um civismo republicano, só poderia vir de fora do domínio da política. Tiradentes esquartejado nos braços da Aparecida: eis o que seria a perfeita *pietà* cívico-religiosa brasileira. A nação exibindo, aos pedaços, o corpo de seu povo que a República ainda não foi capaz de reconstituir.

Notas

INTRODUÇÃO (PP. 9-16)

1. Ver José Murilo de Carvalho, Os *bestializados. O Rio de Janeiro e a República que não foi.*

2. Sobre imaginário social, ver Bronislaw Baczko, *Les imaginaires sociaux. Mémoires et espoirs collectifs.*

3. Sobre a importância dos mitos políticos, ver Raoul Girardet, *Mitos e mitologias políticas.*

4. Citado em Baczko, *Les imaginaires sociaux*, p. 54.

5. Sobre David, ver Marie-Cathérine Sahut e Régis Michel, *David. L'art et le politique.*

6. O relatório vem reproduzido em Joshua C. Taylor (ed.), *Nineteenth-century theories of art*, pp. 44-5.

7. Ver depoimento feito a *O Paiz*, 20/11/1912.

8. A propósito da saudação "Saúde e Fraternidade", houve na época uma polêmica semântica. Os críticos do positivismo ortodoxo, e havia numerosos deles, arguiram que era tradução malfeita do francês *Salut et Fraternité.* O correto, segundo eles, seria dizer "Saudação e Fraternidade". Para a resposta dos positivistas que justifica sua tradução, ver Raimundo Teixeira Mendes, *A bandeira nacional*, pp. 18-9.

9. *Les imaginaires sociaux*, p. 54.

10. Sobre a dupla imagem de Lincoln, ver David Donald, "The folklore Lincoln", in Nicholas Cords e Patrick Gerster (eds.), *Myth and the American experience*, vol. II, pp. 43-54.

11. Ver, sobre o assunto, E. N. Whittlesey, *Symbols and legends in Western art. A museum guide.*

1. UTOPIAS REPUBLICANAS (PP. 17-35)

1. Ver Benjamin Constant, *De la liberté chez les modernes*, textes choisis, présentés et annotés par Marcel Gauchet, pp. 491-515.

2. Para o exame do pensamento dos fundadores da República Americana, servi-me do livro de Gerald Stourzh, *Alexander Hamilton and the idea of republican government*.

3. O conceito de *pouvoir royal* foi desenvolvido em *Principles de politique*, publicado em 1819, incluído na seleção de Marcel Gauchet citada acima.

4. Para a discussão da ideia de república na França, utilizei o excelente trabalho de Claude Nicolet, *L'idée républicaine en France* (*1789-1924*). As relações entre o positivismo e a Terceira República são discutidas no capítulo IV dessa obra.

5. Até hoje, a melhor discussão sobre conceito de representação, e de que aqui me servi, é a de Hanna Fenichel Pitkin, *The concept of representation*.

6. Ver Barrington Moore, Jr., *As origens sociais da ditadura e da democracia. Senhores e camponeses na construção do mundo moderno*.

7. A influência do direito administrativo francês é transparente no principal livro escrito no Império sobre a organização política. Trata-se do *Ensaio sobre o direito administrativo*, do visconde de Uruguai. As contradições da política francesa permitiam que a influência desse país se desse tanto sobre os radicais como sobre os conservadores. O visconde de Uruguai era o principal pensador do conservadorismo monárquico.

8. Sobre o positivismo no Rio Grande do Sul, ver Paulo Carneiro (org.), *Ideias políticas de Júlio de Castilhos*.

9. Ver a discussão desse tema em J. G. A. Pocock, "Civic humanism and its role in Anglo-American thought", in J. G. A. Pocock, *Politics, language and time*, pp. 80-103.

10. Retomo aqui parte da discussão feita em José Murilo de Carvalho, *Os bestializados. O Rio de Janeiro e a República que não foi*, pp. 140-60. Ver Edmond Demoulins, *A quoi tient la supériorité des Anglo-saxons*; Alberto Sales, "Balanço político — necessidade de uma reforma constitucional", *O Estado de S. Paulo*, 18/7/1901 e 25/7/1901; Sílvio Romero, *O Brazil social*.

11. Aníbal Falcão, *Fórmula da civilização brasileira*.

12. Richard M. Morse, *O espelho de Próspero. Cultura e ideias nas Américas*.

13. Ver Alberto Torres, *A organização nacional*, p. 297.

2. AS PROCLAMAÇÕES DA REPÚBLICA (PP. 36-57)

1. Ver Tobias Monteiro, *Pesquisas e depoimentos para a história*, p. 6.

2. Blondel a Spuller, Rio de Janeiro, 4/1/1890. Quai d'Orsay, *Correspondance politique, Brésil, 1871-1896*.

3. Os Fonseca formavam um verdadeiro clã dentro do Exército. Deodoro não tinha filhos, mas abundavam irmãos e sobrinhos. Entre os parentes que tiveram alguma atuação na conspiração republicana, estavam seus irmãos Pedro Paulino, coronel honorário, João Severiano, general-médico, e o marechal Hermes Ernesto, comandante das armas na Bahia e contrário ao movimento. Os mais atuantes foram os sobrinhos, entre os quais o capitão Hermes, genro de Pedro

Paulino e futuro presidente da República, os capitães Percílio, Mário Hermes e Pedro Paulo e o tenente Clodoaldo. O capitão Pedro Paulo estava dentro do Quartel-General a 15 de novembro e, segundo algumas versões, teria aberto os portões para a entrada do tio.

4. Ver Ernesto Senna, *Deodoro: subsídios para a história*, p. 119. Das reuniões resultou o opúsculo *Quinze de novembro. Contestação a Suetônio* (1898). Suetônio era o pseudônimo do autor de uma versão sobre o 15 de novembro considerada favorável a Quintino Bocaiuva.

5. Ver o longo depoimento de Sebastião Bandeira em Ernesto Senna, *Deodoro*. A citação está na p. 90.

6. Ver Ernesto Senna, *Deodoro*, p. 20.

7. Ver R. Magalhães Júnior, *Deodoro. A espada contra o Império*, vol. II, pp. 48-9. Ver também o depoimento do já então general Hermes ao *Jornal do Commercio*, 15 de novembro de 1903.

8. Ver depoimento de Serzedelo Correia ao *Jornal do Commercio*, 26 de novembro de 1903. A importância da doença do imperador para a derrocada da Monarquia, desde a Questão Militar, é salientada por Wanderley Pinho em "A Questão Militar e a República", *Revista do Brasil*, ano II, nº 17 (nov., 1939), pp. 23-30.

9. Ver depoimento do major Roberto Trompowsky ao *Jornal do Commercio*, 26 de novembro de 1889. Trompowsky foi o mensageiro de Saraiva.

10. Ver Magalhães Júnior, *Deodoro*, p. 49.

11. Ver R. Teixeira Mendes, *Benjamin Constant. Esboço de uma apreciação sintética da vida e da obra do fundador da República brasileira*. Outro representante ilustre da corrente Benjamin Constant é Vicente Licínio Cardoso. Consulte-se seu capítulo sobre Benjamin na coletânea que organizou, *À margem da história da República*, 2ª ed., t. II, pp. 81-94.

12. Segundo testemunho de Medeiros e Albuquerque em *Quando eu era vivo*, pp. 104-5.

13. Sobre o jacobinismo, ver Suely Robles Reis de Queiroz, *Os radicais da República. Jacobinismo: ideologia e ação, 1893-1897*.

14. Ver R. Teixeira Mendes, *Benjamin Constant*, pp. 536-8. Concepção semelhante à do monumento tinha o projeto de um quadro a óleo de Eduardo de Sá sobre a proclamação da República. Nele, Benjamin aparece como figura central e elo final da cadeia que começa com Tiradentes e passa por José Bonifácio. A República aparece ligada também à humanidade. O quadro aparentemente não foi completado. Ver *O Paiz*, 15 de novembro de 1899.

15. Sobre o monumento a Floriano Peixoto, ver A. R. Gomes de Castro, *O monumento a Floriano por Eduardo de Sá*. O major Gomes de Castro, positivista e florianista, era o presidente da comissão de construção do monumento. O comentário de Francisco de Assis Barbosa está no prefácio que escreveu para a segunda edição do livro de Sérgio Correia da Costa, *A diplomacia do marechal*, p. XIX.

16. Para um exemplo das críticas ao monumento, ver *O Paiz*, 10 de maio de 1904. O editorial do jornal de Quintino Bocaiuva censura a comissão por impor limitações aos escultores que concorreram com projetos para o monumento. Resultaram projetos malfeitos, sem originalidade, ridiculamente complicados e censuravelmente partidários. Segundo o editorialista, levantar tal monumento seria "darmos ao mundo culto um triste atestado de fanatismo e incorrermos perante nós mesmos num tristíssimo ridículo". Mas, após batalha de seis anos, o monumento foi erguido como o desejavam a comissão e o major.

17. Ver *O monumento a Júlio de Castilhos*, folheto publicado pelo governo do Rio Grande do Sul, em que Eduardo de Sá expõe as teorias estéticas do positivismo e descreve a concepção da obra. Ver também Gomes de Castro, *O monumento a Floriano*, pp. 9-35.

18. Ver Eduardo Silva (org.), *Ideias políticas de Quintino Bocaiuva*, vol. i, p. 643.

19. Ver Coleção Saldanha Marinho, Arquivo Geral da Cidade do Rio de Janeiro, 41-1-59, 12º vol., ff. 122-5.

20. Ibid., 41-1-61, 14º vol., f. 45, carta de Saldanha Marinho a Francisco Glicério de 3 de outubro de 1888.

21. Ver nota 20.

22. Ver entrevista de Aristides Lobo em Tobias Monteiro, *Pesquisas e depoimentos*, pp. 199-213. Também *Ideias políticas de Quintino Bocaiuva*, vol. i, p. 645.

23. Ver Tobias Monteiro, *Pesquisas e depoimentos*, p. 211. Ver ainda Leôncio Correia, *A verdade histórica sobre o 15 de novembro*, pp. 85, 256, 262. A frase do capitão Mário Hermes está em *Deodoro e a verdade histórica*, pp. 151-3. Talvez por causa dessa hesitação, os vencedores proclamaram *provisoriamente* o regime republicano, à espera de que uma consulta popular decidisse sobre a forma definitiva de governo.

24. Ver M. E. de Campos Porto. *Apontamentos para a história da República dos Estados Unidos do Brasil*, p. xiii.

25. Ver depoimento de Arthur Azevedo em *O Paiz*, 17 de novembro de 1902.

26. Ibid.

27. *Anais da Assembleia Constituinte*, 1891, vol. ii, pp. 637-50, e vol. iii, pp. 293-4.

28. O episódio é narrado em Ernesto Senna, *Deodoro*, p. 106.

29. Sobre os militares na década de 1930, ver José Murilo de Carvalho, "Forças Armadas e política, 1930-1945", em *A Revolução de 30. Seminário internacional*, pp. 109-50. Agradeço ao professor Mário Barata a informação sobre a transferência da estátua de Benjamin Constant.

30. O potencial de gerar controvérsia ficou claro no Congresso Nacional de História da Propaganda, Proclamação e Consolidação da República no Brasil, organizado pelo Instituto Histórico e Geográfico em novembro de 1989. Repetiram-se, às vezes quase literalmente, as posições e argumentos de cem anos atrás. Os trabalhos do Congresso deverão ser publicados em anais.

3. TIRADENTES: UM HERÓI PARA A REPÚBLICA (PP. 58-78)

1. Ver Eduardo Prado, *Fastos da ditadura militar no Brasil*, p. 287. Medeiros e Albuquerque confirma a personalidade pouco militar de Benjamin Constant. Era "de uma extrema meiguice", simpático e suave no falar. Introspectivo e distraído, tinha muitas vezes "o aspecto de um sonâmbulo". Ver Medeiros e Albuquerque, *Quando eu era vivo*, pp. 109-13.

2. A sobrevivência do florianismo no imaginário popular do Rio de Janeiro foi detectada e analisada com inteligência por Maria Helena Cabral de Almeida Cardoso em "A herança arcaica do jacobinismo", trabalho apresentado ao Congresso Nacional de História da Propaganda, Proclamação e Consolidação da República no Brasil, ihgb, Rio de Janeiro, novembro de 1989.

3. O cômico aparece em Mendes Fradique na sua *História do Brasil pelo método confuso*. Em

um imaginado julgamento de d. Pedro II, a personagem Brasil dorme o tempo todo. Ao final, acorda e ainda meio tonta pergunta: "Que bicho deu?". "Deodoro", lhe respondem (p. 168).

4. Tiradentes continua até hoje sendo a figura que mais se aproxima da condição de herói nacional, num país em que os heróis são frequentemente desprezados, senão ridicularizados. Uma indicação da plausibilidade dessa hipótese está no livro de Paulo Miceli, *O mito do herói nacional*, pp. 22-5. Segundo pesquisa desse autor, Tiradentes é o herói preferido entre estudantes do primeiro e segundo graus.

5. A informação consta do trabalho de Hélio Moro Mariante, "Revolução de 1893", apresentado ao Congresso Nacional de História da Propaganda, Proclamação e Consolidação da República no Brasil, IHGB, novembro de 1989.

6. Ver "Memória do êxito que teve a conjuração de Minas e dos factos relativos a ella acontecidos nesta cidade do Rio de Janeiro desde o dia 17 até 26 de abril de 1792", *Revista do IHGB*, vols. 62-3, t. 44 (1881), pp. 140-60. Os enforcamentos no Rio de Janeiro eram, em geral, ocasião de grande excitação e prazer populares. A tristeza causada pela execução de Tiradentes foi exceção. Veja-se sobre enforcamentos Mello Moraes Filho, *Festas e tradições populares do Brasil*, pp. 218-24.

7. Ver "Últimos momentos dos inconfidentes de 1789 pelo frade que os assistiu de confissão", *Revista do IHGB*, vol. 62-3, t. 44 (1881), pp. 161-86.

8. As queixas são do próprio Joaquim Silvério dos Reis em carta a Martinho de Melo e Castro, segundo informação de Augusto de Lima Júnior em suas *Notícias históricas*, citado por Waldemar de Almeida Barbosa em *A verdade sobre Tiradentes*, p. 59. Outro denunciante da conjuração, o coronel português Basílio de Brito, em carta-testamento de 1806, admite que "todo povo de Minas e mesmo do Brasil me concebeu implacável ódio" e teme morrer assassinado. Ver Eduardo Machado de Castro, "A Inconfidência Mineira. Narrativa popular", *Revista do Arquivo Público Mineiro*, ano VI, fasc. I (jan.-mar., 1901), p. 1145.

9. Ver documento encontrado na Biblioteca Pública de Évora, reproduzido em parte por Waldemar de Almeida Barbosa em *A verdade sobre Tiradentes*, pp. 35-6. O documento, uma carta, diz ainda que algumas famílias saíram de Vila Rica, que "fábricas grandes de mineração se derrotaram", que os homens mais doutos e necessários se tornaram civilmente mortos. Testemunha ocular da partida dos "prisioneiros da rainha" de Vila Rica para o Rio de Janeiro também registra o fato de que "uma tristeza geral cobriu a vila", as ruas ficaram desertas, as casas fechadas. Ver Eduardo Machado de Castro, "A Inconfidência Mineira", p. 1113.

10. Richard Burton, *Viagem do Rio de Janeiro a Morro Velho*.

11. José Antônio Marinho, *História da Revolução de 1842*, p. 42. A carta do padre Manuel Rodrigues da Costa vem transcrita nas páginas 71 a 73 desse livro, cuja primeira edição é de 1844.

12. Robert Southey, *História do Brasil*, tomo VI, cap. XLIII. Ver também *Revista do IHGB*, t. VIII (1846), pp. 297-310.

13. Charles Ribeyrolles, *Brasil pitoresco*, pp. 47-95.

14. Castro Alves, "Gonzaga ou a Revolução de Minas", em *Obras completas*, pp. 579-661. A primeira edição da peça é de 1875. Os inconfidentes de Castro Alves falavam já da Revolução Francesa, que ainda não acontecera, e cantavam a *Marselhesa*, que só seria composta em 1792.

15. Pedro Luís Pereira de Sousa, "O Tiradentes", em *Tiradentes. Homenagem ao primeiro mártir da liberdade*, 21 de abril de 1888.

16. Sobre os incidentes de 1893, ver *O Paiz* de 19, 20 e 21 de abril daquele ano, o *Jornal do Brasil* de 20 de abril e o *Jornal do Commercio* da mesma data. Sobre o Palácio Tiradentes, ver *Livro do centenário da Câmara dos Deputados (1826-1926)*. O monumento construído em Ouro Preto data de 1894. Os documentos do Clube Tiradentes, hoje no Museu Histórico Nacional, também fornecem rico material sobre a luta pela memória do herói.

17. Ver Joaquim Norberto de Sousa Silva, *História da Conjuração Mineira*. As explicações de Norberto sobre as razões de ter apressado a publicação da obra e de se ter oposto à construção do monumento encontram-se em seu artigo "O Tiradentes perante os historiadores oculares de seu tempo", *Revista do IHGB*, vol. 62-3, t. 44 (1881), pp. 131-9. A citação está na p. 138. Norberto ironiza as comemorações do martírio de Tiradentes, dizendo que seriam gratas ao conde de Rezende. É o mesmo que ironizar as celebrações cristãs da paixão de Cristo alegando que seriam gratas a Anás e Caifás.

18. As primeiras reações apareceram na imprensa republicana. Norberto menciona, sem fornecer referência completa, artigos em *A República* e em *A Reforma*, este último assinado por "Um Mineiro". Menciona ainda artigo de Aristides Maia em *A República*, órgão do Clube Republicano Acadêmico de São Paulo. Em 1901, saiu a crítica de Eduardo Machado de Castro, texto já citado, que foi escrito em 1896. A batalha foi retomada em 1922 por Lúcio José dos Santos, em trabalho apresentado ao Congresso de História Nacional promovido pelo Instituto Histórico. Por essa mesma época, Assis Cintra retomou as posições de Norberto. Mais recentemente, o livro de Waldemar Almeida Barbosa, também já referido, voltou a atacar Norberto com virulência. O prefácio de Lúcio José dos Santos diz abertamente que o objetivo do autor é acabar com as mistificações de Norberto, o qual quis "denegrir ou apagar a figura excepcional do alferes Joaquim José". O autor usa expressão ainda mais forte: Norberto procurou "achincalhar a figura de Tiradentes". Ver *A verdade sobre Tiradentes*, pp. 7, 17. Consulte-se também o capítulo XIII dessa obra para um exame da influência de Norberto sobre os autores que vieram depois, aí incluídos Capistrano de Abreu, João Ribeiro e Pedro Calmon, entre outros. Augusto de Lima Júnior e Waldemar de Almeida Barbosa fizeram-se também defensores da representação de Tiradentes como alferes e imberbe, para contrastar com a figura mística apresentada em Joaquim Norberto. A corrente anti-Tiradentes é representada hoje por Sérgio Faraco. Ver seu *Tiradentes. A alguma verdade (ainda que tardia)*.

19. "O Tiradentes perante os historiadores", p. 132.

20. Citado em "Advertência" à *História da Conjuração Mineira*, p. VII. Em defesa dessa afirmação, poder-se-ia alegar que era a maneira encontrada pelo aulicismo de justificar perante d. Pedro II o tratamento de assunto tão delicado.

21. "O Tiradentes perante os historiadores", p. 131.

22. As reações foram registradas por Norberto em "O Tiradentes perante os historiadores". Muitas se deviam, sem dúvida, ao fato de não terem os opositores de Norberto tido acesso aos documentos por ele usados. Mas o importante aqui é a admissão, também por parte dos republicanos, secundando Norberto, de que o místico diminuía, se não anulava, o patriota.

23. Ver João Pinheiro, Antônio Olinto e Nicésio Machado, "Minas Gerais", *O Tiradentes*, ano VII (1888).

24. *O Paiz*, 21/4/1890.

25. Herculano Gomes Mathias pediu a vinte escolares que identificassem a figura represen-

tada no desenho de Décio Villares. Treze disseram tratar-se de Cristo; cinco viram nele Tiradentes; um, Felipe dos Santos; um, Antônio Conselheiro. Ver Herculano Gomes Mathias, *Tiradentes através da imagem*, p. 29.

26. Ver "Tiradentes", *O Paiz*, 21/4/1896.

27. As celebrações de Tiradentes em 1902 adquiriram especial brilho. No dia 18 de abril, 3 mil pessoas, segundo *O Paiz*, assinaram a ata de tomada de posse pela prefeitura do terreno em que se deveria construir o monumento a Tiradentes. Na ocasião, foi inaugurado o quadro de Eduardo de Sá intitulado *A confirmação da sentença*. Na festa do dia 21, foi executada a protofonia de *O guarani* e um hino a Tiradentes, música do maestro Francisco Flores e letra de Luís Delfino. O editorial de *O Paiz* do dia 19 refere-se a Tiradentes como herói e mártir que no culto republicano é um semideus. Mas na mesma ocasião (*O Paiz* de 21 de abril) artigo de Féliz Bocaiuva intitulado "Os olvidados" anota as mudanças na natureza das solenidades. As celebrações, segundo Bocaiuva, estão sendo apropriadas pelos arrivistas. Os republicanos da propaganda, dos tempos heroicos, os que levantaram o ideal de Tiradentes e são seus legítimos sucessores, estão sendo postos à margem, estão sendo esquecidos "nas liturgias cívicas do patriotismo". Talvez porque sejam tempos em que, segundo o autor, a República arrasta pela lama a asa branca e impoluta dos ideais.

28. José Pereira de Araújo, *Tiradentes*, publicação avulsa do Centro Positivista, 1884.

29. Ver visconde de Taunay, "O Tiradentes e nós, monarquistas", em *Império e República*, pp. 5-15.

30. Ubaldino do Amaral, "Tiradentes", discurso na comemoração do 102º aniversário do suplício de Tiradentes, em 21/4/1894, no salão do Ginásio Nacional.

31. Ver Viriato Correia, *Tiradentes. Comédia histórica em três atos e sete quadros*.

32. Curiosamente, o governo militar não quis adotar a representação proposta por Walsht Rodrigues, apesar da pressão de críticos de Joaquim Norberto, como Augusto de Lima Júnior. Decreto de 1966, complementando a lei de 1965, mandou usar como modelo nas representações de Tiradentes a ser colocadas nas repartições públicas a estátua do Palácio Tiradentes, escultura de Francisco Andrade. A estátua é um compromisso entre as versões cívica e religiosa. O inconfidente aí aparece de alva a caminho da forca mas, ao mesmo tempo, mantém atitude desafiadora e rebelde.

33. Ver Augusto Boal e Gianfrancesco Guarnieri, *Arena canta Tiradentes*. Cabe observar que a Inconfidência em geral, e Tiradentes em particular, constitui um dos temas que mais têm inspirado os artistas brasileiros, uma indicação poderosa da atração exercida sobre a imaginação nacional. São romancistas, poetas, teatrólogos, músicos, artistas plásticos, cineastas. No século XIX, salientaram-se Bernardo Guimarães, Castro Alves, Pedro Luís, Fedro Américo, Décio Villares, Antônio Parreiras. Mais recentemente, Portinari, Glauco Rodrigues, Cecília Meirelles, Gilberto de Alencar, Autran Dourado, Joaquim Pedro de Andrade. À arte erudita alia-se a arte popular, do cordel ao samba-enredo. Quem não se lembra da Império Serrano cantando Mano Décio da Viola: "Joaquim José da Silva Xavier/ Morreu a 21 de abril/ pela independência do Brasil/ Foi traído e não traiu jamais/ a Inconfidência de Minas Gerais"?

4. REPÚBLICA-MULHER: ENTRE MARIA E MARIANNE (PP. 79-103)

1. Aqui, sigo de perto o excelente trabalho de Maurice Agulhon, *Marianne au combat. L'imagerie et la symbolique républicaines*. A citação está na p. 2. Ver também, do mesmo autor, "Esquisse pour une archéologie de la République: l'allégorie civique féminine", *Annales ESP*, 28 (1973), pp. 5-34.

2. Sobre o concurso de 1848, e também sobre Delacroix e Daumier, ver T. J. Clark, *The absolute bourgeois. Artists and politics in France, 1848-1851*.

3. Agulhon, *Marianne au combat*, p. 164.

4. A passagem da mulher nua para o homem de tronco nu na simbologia do movimento popular é discutida por Eric J. Hobsbawm em "Homem e mulher: imagens da esquerda", capítulo de *Mundos do trabalho. Novos estudos sobre história operária*, pp. 123-47.

5. Ver Hippolyto da Silva, *Humorismo da propaganda republicana*, p. 2. "Matar? Sim!", diz Silva Jardim em relação ao conde D'Eu em discurso de fevereiro de 1888. Ver Antônio da Silva Jardim, *Propaganda republicana (1888-1889)*, p. 85.

6. Ver Álvaro Cotrim (Alvarus), "O 15 de novembro na imprensa ilustrada", *Jornal do Brasil*, 15/11/1973. Ver também a excelente *História da caricatura no Brasil*, de Herman Lima, que me foi de grande utilidade.

7. Agradeço a Claudio Veiga, presidente da Academia de Letras da Bahia, o acesso à foto e as informações sobre o quadro e o pintor.

8. A visão comtiana da mulher, fielmente incorporada pelos positivistas ortodoxos no Brasil, pode ser encontrada em R. Teixeira Mendes, *A mulher. Sua preeminência social e moral segundo os ensinamentos da verdadeira ciência positiva*. Trata-se de conferência pronunciada por Teixeira Mendes em 27 de novembro de 1908.

9. As ideias estéticas positivistas foram expostas pelo próprio Eduardo de Sá no folheto *O monumento a Júlio de Castilhos*.

10. Ver também as figuras femininas no altar-mor das capelas da humanidade no Rio de Janeiro e na casa de Clotilde em Paris. A primeira é de Décio Villares, a segunda de Eduardo de Sá. Ambas reproduzem claramente os traços fisionômicos de Clotilde.

11. Sobre a política artística e as primeiras exposições de arte após a proclamação da República, ver Donato Mello Jr., "As primeiras exposições de belas-artes na República", trabalho apresentado ao Congresso Nacional de História da Propaganda, Proclamação e Consolidação da República no Brasil, IHGB, novembro de 1989. Sobre a Constituição, ver os quadros de Aurélio de Figueiredo, *O compromisso constitucional*, e E. Visconti, *A Constituição de 1891*.

12. Agradeço a Francisco de Assis Barbosa ter chamado a minha atenção para esse episódio. A denúncia de Fausto Cardoso pode ser encontrada nos *Anais da Câmara dos Deputados*, vols. 5 e 6, 1900, pp. 62, 144, 145. Ao discursar, o orador exibia a nota do Tesouro com o retrato. A reprodução da cédula encontra-se no livro *Cédulas brasileiras da República. Emissões do Tesouro Nacional*, p. 19, publicado pelo Banco do Brasil. Trata-se da estampa de número 9, de 1900. Segundo informação constante do livro, a estampa baseia-se em quadro do austríaco Conrado Kiesel, intitulado *Saudade*, representando uma brasileira que conheceu em Viena.

13. Ver Coelho Neto, *Fogo fátuo*, pp. 229-38.

14. Ver Mendes Fradique, *História do Brasil pelo método confuso*, pp. 153-8. Agradeço a Isabel Lustosa a indicação dessa referência.

15. Sobre o uso já meio mitificado das figuras da heroína de Saint-Milhier e da cidadã Bourgougnoux pelos pintores do salão do ano II, ver Claude Langlois, "Les dérives vendéennes de l'imaginaire révolutionnaire", *Annales ESC*, 3 (mai-juin, 1988), pp. 771-97. Sobre o papel real das mulheres na Revolução, ver *Les femmes et la Révolution, 1789-1794*, apresentação de Paule-Marie Duhet.

16. Poder-se-ia perguntar por que David não representou a República inspirando-se em algumas das heroínas da época. Quando quis usar a figura feminina, recorreu seja a modelos vivos, como na festa do Ser Supremo, seja a exemplos da Antiguidade, como em *As mulheres sabinas*. A razão poderia ser suas convicções estéticas neoclássicas. Mas tais convicções não o impediram de pintar a antológica *Morte de Marat*. Talvez, como a outros revolucionários, lhe fosse incômoda a atuação concreta das mulheres na Revolução.

17. Ver Esther de Viveiros, *Rondon conta sua vida*, pp. 53-4, 58.

18. O adolescente Di Cavalcanti relata sua surpresa ao ver o retrato do imperador no quarto de uma prostituta, já na República. Citado em Eduardo Silva, *As queixas do povo*, pp. 61-4.

19. Ver Gilberto Freyre, *Ordem e progresso*, tomo I, pp. VIII, 21-4.

20. Sobre o culto de Nossa Senhora Aparecida e suas conotações políticas, ver Rubem César Fernandes, "Aparecida: nossa rainha, senhora e mãe, saravá!", em Viola Sachs et al., *Brasil e EUA: religião e identidade nacional*. Ver também Mário Carelli, "Quelques réflexions autour de l'indefinition de l'allégorie féminine du Brésil", trabalho apresentado no colóquio Identité Nationale, Genre, Expression Culturelle: une Comparaison entre les États-Unis et le Brésil.

21. Para uma história da pintura no Brasil, pode-se consultar Quirino Campofiorito, *História da pintura brasileira no século XIX*.

22. Maria Cristina Castilho Costa, em sua tese de mestrado, "O retrato feminino na pintura brasileira, 1800-1950" (USP, 1985), vê uma mudança na visão da mulher. Os retratos, de estilo mais realista na primeira metade do século, adquirem traços românticos na segunda metade, quando são salientadas as características de fragilidade, doçura e submissão.

23. Para tentativa de resposta, ver Mário Carelli, "Quelques réflexions", citado acima. Raríssimo exemplar de representação da nação como índia pode ser encontrado na *Revista Illustrada*, nº 577, 8/2/1890.

24. Sobre as mulheres do Rio de Janeiro vistas por viajantes estrangeiros, ver Miriam Lifchitz Moreira Leite, *A mulher no Rio de Janeiro no século XIX*. A idealização da mulher pelos escritores masculinos é discutida por Maria Thereza Caiuby Crescenti Bernardes em *Mulheres de ontem? Rio de Janeiro — século XIX*.

25. *O Paiz*, 13/11/1902.

5. BANDEIRA E HINO: O PESO DA TRADIÇÃO (PP. 104-26)

1. Sobre o episódio, ver Ernesto Senna, *Deodoro: subsídios para a história*, pp. 53-4.

2. Sobre a bandeira tricolor dos franceses, ver Raoul Girardet, "Les trois couleurs, ni blanc, ni rouge", in Pierre Nora (org.), *Les lieux de mémoire*, vol. I, *La République*, pp. 5-35.

3. Ver a série de depoimentos sob o título "Uma dúvida histórica: a bandeira da revolução de 1889". O depoimento do capitão Souza Barros saiu no dia 20 de novembro.

4. Ver O *Paiz*, 21/4/1894.

5. O depoimento de Augusto Malta está em O *Paiz*, 19/11/1912.

6. Ver O *Paiz*, 17/11/1912.

7. Sobre a troca de bandeiras no *Alagoas*, ver Tobias Monteiro, *Pesquisas e documentos*, p. 305. Álvaro Cotrim (Alvarus) também diz que a bandeira hasteada na Câmara Municipal, reproduzida no *Mequetrefe*, foi içada no *Alagoas*, o que, como vimos, é impossível. Ver Álvaro Cotrim, "O 15 de novembro na imprensa ilustrada", *Jornal do Brasil*, 15/11/1973. Segundo Cotrim, ela teria treze listras horizontais, e o quadrilátero seria de fundo azul.

8. Ver, por exemplo, o testemunho do major Dias Jacaré, em O *Paiz*, 16/11/1912. Sampaio Ferraz, presidente do Clube Tiradentes em 1889, confunde ainda mais as coisas em 1912. Diz que entregou no dia 15, para ser hasteada na Câmara, uma bandeira tricolor. Ver O *Paiz*, 16/11/1912. O fundo preto é confirmado por Emílio Ribeiro na edição de 17/11/1912 de O *Paiz*.

9. A posição dos positivistas está bem documentada na coletânea organizada pela Igreja e Apostolado Positivista do Brasil sob o título *A bandeira nacional*. Nela se encontram os principais artigos de Teixeira Mendes e Miguel Lemos relativos ao fato. Utilizei a terceira edição, de 1958.

10. Ver *A bandeira nacional*, pp. 5-10.

11. Mas o receio da adoção do símbolo americanizado está explícito na biografia de Benjamin Constant que Teixeira Mendes publicou em 1891. Ver *Benjamin Constant*, pp. 376-7.

12. Ver *Diário do Commercio*, 24/11/1889. Para a resposta de Teixeira Mendes, *A bandeira nacional*, pp. 11-4.

13. O jornalista era provavelmente Eduardo Prado, que na época escrevia da Europa tremendos libelos contra o novo regime.

14. Ver *A bandeira nacional*, pp. 14-21.

15. Ver Eduardo Prado, *A bandeira nacional*. A incorreção da posição das constelações, e mesmo da localização do polo sul na parte inferior do desenho, é confirmada por Ronaldo Rogério de F. Mourão em "A bandeira da República", *Revista do Brasil*, ano 4, nº 8 (1989), pp. 84-90. Luiz Cruls, diretor do Observatório Astronômico na época, apoiou Pereira Reis contra a opinião da Sociedade Astronômica da França, dizendo ser comum nos atlas geográficos representar o norte no alto e o sul embaixo.

16. Ver *Diário de Notícias*, 8/9/1892. E Coelho Neto, *Fogo fátuo*, p. 233.

17. Os dois documentos estão incluídos em *A bandeira nacional*, pp. 49-55.

18. O projeto de Valadão foi apresentado ao Congresso em 1º de setembro de 1892. A defesa da bandeira foi feita pelo militar positivista José Beviláqua, em termos que repetiam quase literalmente os argumentos de Teixeira Mendes. Ver *Anais da Câmara dos Deputados*, 1892, vol. v, pp. 92, 352, 381-2, 434. A oposição de Floriano Peixoto à bandeira positivista é confirmada por Serzedelo Correia em *Páginas do passado*, pp. 85-6. O projeto de Valadão contava com apoios importantes, inclusive na imprensa. O *Jornal do Brasil* opinou favoravelmente à mudança, acusando o governo provisório de ter adotado um emblema inspirado "por um grupo sectário, insignificante, diminutíssimo em número, medíocre em valor social, antipático ao país e sem apoio nele, representando não o sentimento nacional mas um novo ultramontanismo, e que tem

por chefe invisível um decrépito filósofo francês". Ver edição de 8/9/1892. Em 1905, novo projeto foi apresentado à Câmara, tentando retirar o lema positivista. Ver Agenor de Roure, "A bandeira nacional", *Kosmos*, ano 4, nº 3 (mar., 1907).

19. Ver seu artigo "O 15 de novembro na imprensa ilustrada", *Jornal do Brasil*, 15/11/1973.

20. Em suas memórias, Medeiros e Albuquerque menciona a presença de Teixeira Mendes na primeira reunião do governo provisório, na noite do dia 15. Segundo seu depoimento, o líder positivista ia de pessoa a pessoa exortando: "Proclamem a ditadura! Proclamem a ditadura!". Ver Medeiros e Albuquerque, *Quando eu era vivo*, pp. 104-5.

21. *Quando eu era vivo*, p. 90.

22. Era "uma data muito delicada", como diz o representante francês, Amelot, ao ministro Spuller, em carta de 10 de julho de 1889. Ministère des Affaires Etrangères, *Correspondance politique, Brésil*, vol. 53.

23. As informações sobre a história da *Marselhesa* aqui resumidas são devidas a Michel Vovelle, "La marseillaise. La guerre ou la paix", in Pierre Nora (org.), *Les lieux de mémoire*, vol. I, *La République*, pp. 85-136.

24. Vovelle, "La marseillaise", p. 96.

25. Vovelle, "La marseillaise", p. 119.

26. O texto encontra-se na Biblioteca Nacional, Seção de Música, Arquivo de Agostinho D. N. D'Almeida, Coleção Ayres de Andrade. Não há data.

27. Medeiros e Albuquerque confirma que os republicanos cantavam a *Marselhesa* ao sair dos *meetings*. O fato levou-o a escrever uma letra brasileira, que apresentou a Silva Jardim e foi adotada. Ver *Quando eu era vivo*, pp. 90-1, 116-7.

28. Ver, por exemplo, o artigo de Oscar Guanabarino, "O hino nacional", *O Paiz*, 17/1/1890. Também o noticiário do *Jornal do Commercio* e de *O Paiz*, 16/1/1890, e R. Magalhães Jr., *Deodoro. A espada contra o Império*, vol. II, pp. 133-9. *O Paiz* de 16 de janeiro de 1890 afirma que não houve premeditação. O episódio seria devido à "voz do povo que então falou". O hino de Francisco Manuel da Silva era em geral apenas tocado, razão pela qual o chamavam de *Ta-ra-ta-ta-tchin*. Fora composto logo após a Independência, mas cantado pela primeira vez em 1831, depois da Abdicação, com letra de Ovídio Saraiva de Carvalho e Silva. A letra era muito antilusitana e foi aos poucos abandonada. Outra letra, de autor anônimo, surgiu por ocasião da coroação de d. Pedro II, adaptada a esse acontecimento. Pelo caráter restrito, não teve também maior difusão. O fato de ter sobrevivido apenas a música sem dúvida facilitou a aceitação do antigo hino pelo novo regime. Ver, sobre o assunto, Max Fleiuss, "Francisco Manuel da Silva e o hino nacional", conferência realizada no IHGB a 12 de outubro de 1916.

29. Ver Raul Pompéia, *Obras*, vol. VII, pp. 250-1, 256-7. Ver também Oscar Guanabarino, artigo citado na nota anterior.

30. Sobre a extraordinária história do pianista de Nova Orleans, ver Louis Moreau Gottschalk, *Notes of a pianist*. Sua aventura no Rio é descrita em Francisco Curt Lange, *Vida y muerte de Louis Moreau Gottschalk en Rio de Janeiro, 1869*.

31. Ver O *Paiz*, 21/1/1890, matéria não assinada, intitulada "O hino da proclamação". Ver também Oscar Guanabarino, "O hino", *O Paiz*, 21/1/1890.

32. Ver Thomé Júnior, "Já é tempo!", *Revista Illustrada*, nº 590 (maio, 1890), pp. 2-3.

6. OS POSITIVISTAS E A MANIPULAÇÃO DO IMAGINÁRIO (PP. 127-40)

1. A presença de elementos místicos na obra de Comte anterior ao encontro com Clotilde de Vaux é salientada por Ernest Seillière, *Auguste Comte*, e Edward Caird, *The social philosophy and religion of Comte*. A descontinuidade, por sua vez, foi apontada por Littré, um de seus principais seguidores, dando origem ao primeiro grande cisma no positivismo. Stuart Mill, que simpatizava com o pensamento de Comte (a ponto de organizar na Inglaterra uma subscrição para prover à sua subsistência), também não aceitou a nova fase do filósofo. Ver John Stuart Mill, "Auguste Comte and Positivism", in *Collected works of John Stuart Mill*, vol. x, pp. 261-368. Sobre Comte em geral, ver *Auguste Comte: qui êtes-vous?*

2. As posições de Comte posteriores ao encontro com Clotilde estão expostas principalmente no *Catecismo positivista*, escrito em 1852, versão mais popular dedicada especialmente às mulheres, e no *Système de politique positive, ou traité de sociologie instituant la réligion de l'humanité*, escrito entre 1851 e 1854.

3. Citado em R. Teixeira Mendes, *A mulher*, p. 32.

4. Ver *Système de politique positive*, tomo I, p. 282.

5. A acusação de sectarismo se encontra, por exemplo, em Sílvio Romero, *Doutrina contra doutrina. O evolucionismo e o positivismo no Brasil*. A acusação dos inimigos mais emocionais dos ortodoxos pode ser exemplificada pela obra de Antônio Torres, *Pasquinadas cariocas*. Segundo A. Torres, Teixeira Mendes "era um verdadeiro lunático" (p. 140).

6. Sobre o positivismo no Brasil, ver Ivan Lins, *História do positivismo no Brasil*; Cruz Costa, *O positivismo na República. Notas sobre a história do positivismo no Brasil*; e João Camilo de Oliveira Torres, *O positivismo no Brasil*.

7. Boa parte da correspondência dos positivistas brasileiros com Pierre Laffitte foi publicada por Ivan Lins na obra citada na nota anterior.

8. Sobre esse ponto, ver Ernest Seillière, *Auguste Comte*.

9. *Appel aux conservateurs*, p. 109.

10. A lista dos deveres dos membros da Sociedade Positivista do Rio de Janeiro se encontra no *Apêndice E* acrescentado à *Circulaire collective* de 3 de dezembro de 1883. Além de proibir a posse de escravos e a ocupação de cargos públicos, ela incluía também o dever de não exercer funções acadêmicas nas escolas superiores, não exercer o jornalismo remunerado e assinar o nome em todos os escritos.

Fontes

JORNAIS E REVISTAS

O Cruzeiro
O Diabo a Quatro
Diário de Notícias
Diário do Commercio
Diário Oficial
D. Quixote
O Filhote
Fon-Fon
O Gato
Gazeta de Notícias
Jornal do Brasil
Jornal do Commercio
Kosmos
O Malho
O Mequetrefe
O Paiz
Revista do Arquivo Público Mineiro
Revista do Brasil

Revista do IHGB
Revista Illustrada
Semana Illustrada
O Tiradentes

LIVROS

ALBUQUERQUE, Medeiros e. *Quando eu era vivo*. Rio de Janeiro: Record, 1981.

Autos da devassa da Inconfidência Mineira. Rio de Janeiro: MEC; Biblioteca Nacional, 1936-48.

BURTON, Richard. *Viagem do Rio de Janeiro a Morro Velho*. Belo Horizonte: Itatiaia; Edusp, 1976.

CASTRO, A. R. Gomes de. *O monumento a Floriano por Eduardo de Sá*. Rio de Janeiro: Typographia Leuzinger, 1910.

CINTRA, Francisco de Assis. *Tiradentes perante a história* (*revelações sobre a Inconfidência Mineira*). São Paulo: Livraria do Globo, 1922.

COELHO NETO. *Fogo fátuo*. Porto: Livraria Chardron de Lello e Irmão, 1929.

COMTE, Auguste. *Système de politique positive, ou traité de sociologie instituant la réligion de l'humanité*. Osnabrück: Otto Zeller, 1967, 4 tomos.

_____. *Appel aux conservateurs*. Paris: Chez l'Auteur et chez Victor Dalmont, 1855.

_____. *Catéchisme positiviste*. Paris: Chez l'Auteur, 1852.

DEMOULINS, Edmond. *A quoi tient la superiorité des anglo-saxons*. Paris: Firmin-Didot et Cie, s.d.

FALCÃO, Aníbal. *Fórmula da civilização brasileira*. Rio de Janeiro: Ed. Guanabara, s.d.

GOTTSCHALK, Louis Moreau. *Notes of a pianist*, ed. by Jeanne Behrend. Nova York: Alfred A. Knopf, 1964.

GUIMARÃES, Bernardo. *Histórias e tradições da província de Minas Gerais*. Rio de Janeiro: B. L. Garnier (1872).

JARDIM, Antonio da Silva. *Propaganda republicana* (*1888-1889*). Rio de Janeiro: MEC; Fundação Casa de Rui Barbosa, 1978.

LITTRÉ, E. *Auguste Comte et la philosophie positive*. Paris: Hachette, 1863.

Livro do centenário da Câmara dos Deputados (*1826-1926*). Rio de Janeiro: Assembleia Legislativa do Rio de Janeiro, 1986.

MARINHO, José Antônio. *História da Revolução de 1842*. Brasília: Universidade de Brasília; Senado Federal, 1978.

MENDES, R. Teixeira. *Benjamin Constant. Esboço de uma apreciação sintética da vida e da obra do fundador da República brasileira*. Rio de Janeiro: Apostolado Positivista do Brazil, 2. ed., 1913.

_____. *A bandeira nacional*. Rio de Janeiro: Igreja Positivista do Brasil, 3. ed., 1958.

_____. *A mulher. Sua preeminência social e moral segundo os ensinos da verdadeira ciência positiva*. Rio de Janeiro: Igreja e Apostolado Positivista do Brasil, 1958.

MENDES FRADIQUE (pseud.). *História do Brasil pelo método confuso*. Rio de Janeiro: Leite Ribeiro, 1922.

MONTEIRO, Tobias. *Pesquisas e depoimentos para a história*. Rio de Janeiro: Francisco Alves, 1913.

O monumento a Júlio de Castilhos. Governo do Estado do Rio Grande do Sul, 1922.

MORAES FILHO, Mello. *Festas e tradições populares do Brasil*. Belo Horizonte: Edusp; Itatiaia, 1979.

POMPEIA, Raul. *Obras*, org. de Afrânio Coutinho. Rio de Janeiro: Civilização Brasileira; Olac, v. VII e VIII, 1983.

PORTO, M. E. de Campos. *Apontamentos para a história da República dos Estados Unidos do Brasil*. Rio de Janeiro: Imprensa Nacional, 1890.

PRADO, Eduardo. *A bandeira nacional*. São Paulo: Escola Typographica Salesiana, 1903.

_____. *Fastos da ditadura militar no Brasil*. São Paulo: Escola Typographica Salesiana, 1902.

RIBEYROLLES, Charles. *Brasil pitoresco*. Rio de Janeiro: Tipografia Nacional, 1859.

ROMERO, Sílvio. *O Brasil social*. Rio de Janeiro: Typ. do Jornal do Commercio, 1907.

_____. *Doutrina contra doutrina. O evolucionismo e o positivismo no Brasil*. Rio de Janeiro: Livraria Clássica de Alves e C., 1895.

SEILLIÈRE, Ernest. *Auguste Comte*. Paris: Félix Alcan, 1924.

SENNA, Ernesto. *Deodoro: subsídios para a história*. Brasília: Universidade de Brasília, 2. ed., 1981.

SILVA, Hippolyto da. *Humorismos da propaganda republicana*. São Paulo: Duprat & Cia., 1904.

SILVA, J. Norberto de Souza. *História da conjuração mineira*. Rio de Janeiro: B. L. Garnier, 1873.

SOUTHEY, Robert. *História do Brazil*, trad. de Luiz Joaquim de Oliveira Castro. Rio de Janeiro: Garnier, 1862, 6 tomos.

TAUNAY, Visconde de. *Império e República*. São Paulo: Melhoramentos, s.d.

TORRES, Alberto. *A organização nacional*. Rio de Janeiro: Cia. Editora Nacional, 2. ed., 1933.

TORRES, Antônio. *Pasquinadas cariocas*. Rio de Janeiro: A. J. de Castilho Editor, 1921.

URUGUAI, Visconde de. *Ensaio sobre o direito administrativo*. Rio de Janeiro: Imprensa Nacional, 2. ed., 1960.

ARTIGOS, TESES, FOLHETOS

AMARAL, Ubaldino. "Tiradentes", discurso de 21/4/1894, Rio de Janeiro, s. ed., 1906.

ARAÚJO, José Pereira de. *Tiradentes*, Rio de Janeiro, Centro Positivista, 1884.

CASTRO, Eduardo Machado de. "A Inconfidência Mineira. Narrativa popular". *Revista do Arquivo Público Mineiro*, ano VI, fascículo I (jan.-mar., 1901), pp. 103-151.

CASTRO ALVES. "Gonzaga ou a revolução de Minas", em *Obras completas*, Rio de Janeiro: Nova Aguilar, 1976, pp. 579-661.

Circulaire collective adressée à tous les vrais disciples d'Auguste Comte. Rio de Janeiro: Au Siège de la Société Positiviste, 1884.

"Conspiração em Minas Gerais no ano de 1789 para a Independência do Brasil", artigo traduzido de *História do Brasil* de Robert Southey pelo conselheiro José de Rezende Costa. *Revista do IHGB*, tomo VIII (1846), pp. 297-310.

FLEIUSS, Max. "Francisco Manuel da Silva e o hino nacional", conferência no IHGB a 12 de outubro de 1916, Rio de Janeiro, Imprensa Nacional, 1917.

GUANABARINO, Oscar. "O hino nacional". *O Paiz*, 17/1/1880.

_____. "O hino", *O Paiz*, 21/1/1890.

"Memória do êxito que teve a conjuração de Minas e dos factos relativos a ella acontecidos nesta cidade do Rio de Janeiro desde o dia 17 até 26 de abril de 1792". *Revista do IHGB*, vol. 62-3, t. 44 (1881), pp. 140-60.

MILL, John Stuart. "Auguste Comte and Positivism", in *Collected works of John Stuart Mill*. Toronto, University of Toronto Press, 1977, vol. x, pp. 261-368.

Quinze de novembro. Contestação a Suetônio. Rio de Janeiro, s. ed., 1898.

ROURE, Agenor de. "A bandeira nacional". *Kosmos*, ano IV, n. 3 (mar., 1907).

SALES, Alberto. "Balanço político. Necessidade de uma reforma constitucional", *O Estado de S. Paulo*, 18/7/1901 e 25/7/1901.

SILVA, J. Norberto de Souza. "O Tiradentes perante os historiadores oculares de seu tempo". *Revista do IHGB*, vol. 62-3, t. 44, 1881, pp. 131-9.

THOMÉ JÚNIOR. "Já é tempo!". *Revista Illustrada*, n. 590 (maio, 1890), pp. 2-3.

Tiradentes. Homenagem ao primeiro mártir da liberdade. Ouro Preto, Tip. do Liberal Mineiro, 1888.

"Últimos momentos dos inconfidentes de 1789 pelo frade que os assistiu de confissão". *Revista do IHGB*, vol. 62-3, t. 44, 1881, pp. 161-86.

Bibliografia de apoio

AGULHON, Maurice. *Marianne au combat. L'imagerie et la symbolique républicaines de 1789 a 1880*. Paris: Flamarion, 1979.

ARENDT, Hannah. *On revolution*. Nova York: The Viking Press, 1965.

Auguste Comte: qui êtes-vous? Lyon: Manufacture, 1988.

BACZKO, Bronislaw. *Les imaginaires sociaux, Mémoires et espoirs collectifs*. Paris: Payot, 1984.

BOAL, Augusto & GUARNIERI, Gianfrancesco. *Arena canta Tiradentes*. São Paulo: Sagarana, 1967.

Banco do Brasil S. A. Museu e Arquivo Histórico. *Cédulas brasileiras da República. Emissões do Tesouro Nacional*. Rio de Janeiro, 1965.

BERNARDES, Maria Thereza Caiuby Crescenti. *Mulheres de ontem? Rio de Janeiro — século XIX*. São Paulo: T. A. Queiroz, 1989.

BARBOSA, Waldemar de Almeida. *A verdade sobre Tiradentes*. Belo Horizonte: Instituto de História, Letras e Arte, s.d.

CAIRD, Edward. *The social philosophy and religion of Comte*. Glasgow: James Maclehore & Sons, 1885. Nova York: Kraus Reprint Co., 1969.

CAMPOFIORITO, Quirino. *História da pintura brasileira no século XIX*. Rio de Janeiro: Pinakotheke, 1983.

CARDOSO, Vicente Licínio (Org.). *À margem da história da República*. Brasília: Câmara dos Deputados, 2. ed., 1981.

CARNEIRO, Paulo (Org.). *Ideias políticas de Júlio de Castilhos*. Brasília: Senado Federal; Fundação Casa de Rui Barbosa, 1982.

CARVALHO, José Murilo de. *Os bestializados. O Rio de Janeiro e a República que não foi*. São Paulo: Companhia das Letras, 1987.

CAVALCANTI, Carlos. *Dicionário brasileiro de artistas plásticos*. Rio de Janeiro: INC, 1973-80, 4 vols.

CLARK, T. J. *The absolute bourgeois. Artists and politics in France, 1848-1851*. Londres: Thames and Hudson, 1982.

CONSTANT, Benjamin. *De la liberté chez les modernes. Écrits politiques*. Textes présentés par M. Gauchet, Paris: Livre de Poche, 1980.

CORREIA, Serzedelo. *Páginas do passado*. Rio de Janeiro: Freitas Bastos, 1959.

CORREIA, Leôncio. *A verdade histórica sobre o 15 de novembro*. Rio de Janeiro: Imprensa Nacional, 1939.

CORREIA, Viriato. *Tiradentes. Comédia histórica em três atos e sete quadros*. Rio de Janeiro: Gráfica Guarany Ltda., 1941.

COSTA, Cruz. *O positivismo na República. Notas sobre a história do positivismo no Brasil*. São Paulo: Cia. Editora Nacional, 1956.

Deodoro e a verdade histórica. Rio de Janeiro: Imprensa Nacional, 1937.

FARACO, Sérgio. *Tiradentes. A alguma verdade (ainda que tardia)*. Rio de Janeiro: Civilização Brasileira, 1980.

Les femmes et la Révolution, 1789-1794, apresentação de Paule-Marie Duhet. Paris: Gallimard, 1971.

FREYRE, Gilberto. *Ordem e progresso*. Rio de Janeiro: José Olympio, 3. ed., 1974, 2 tomos.

GIRARDET, Raoul. *Mitos e mitologias políticas*. São Paulo: Companhia das Letras, 1987.

HAUSER, Arnold. *The social history of art. Rococo, Classicism, Romanticism*. v. 3. Nova York: Vintage Books, 1985.

HOBSBAWM, Eric J. *A invenção das tradições*. Rio de Janeiro: Paz e Terra, 1984.

Inconfidência Mineira, Revolução Francesa — 200 anos. Textos de Herculano Gomes Mathias e Maria do Carmo Dutra Lacombe. Rio de Janeiro: Caixa Econômica Federal; Spala Editora, 1989.

LANGE, Francisco Curt. *Vida y muerte de Louis Moreau Gottschalk en Rio de Janeiro, 1869*. Mendoza: Universidad Nacional de Cuyo, 1951.

LEITE, Miriam Lifchitz Moreira. *A mulher no Rio de Janeiro no século XIX*. São Paulo: Fundação Carlos Chagas, 1982.

LIMA, Herman. *História da caricatura no Brasil*. Rio de Janeiro: Livraria José Olympio Editora, 1963, 4 vols.

LIMA JÚNIOR, Augusto de. *História da Inconfidência de Minas Gerais*. Belo Horizonte: Itatiaia, 3. ed., 1968.

LINS, Ivan. *História do positivismo no Brasil*. São Paulo: Cia. Editora Nacional, 2. ed., 1967.

MAGALHÃES JÚNIOR, R. *Deodoro, a espada contra o Império*. São Paulo: Companhia Editora Nacional, 1957, 2 vols.

MATHIAS, Herculano Gomes. *Tiradentes através da imagem*. Rio de Janeiro: Edições de Ouro, 1969.

MICELI, Paulo. *O mito do herói nacional*. São Paulo: Contexto, 1988.

MOORE JR., Barrington. *As origens sociais da ditadura e da democracia. Senhores e camponeses na construção do mundo moderno*. Lisboa: Edições Cosmos, 1967.

MORSE, Richard. *O espelho de Próspero. Cultura e ideias nas Américas*. São Paulo: Companhia das Letras, 1988.

NETTL, Paul. *National anthems*. Nova York: Frederick Ungar Publishing Co., 1967.

NICOLET, Claude. *L'idée républicaine en France (1789-1924). Essai d'histoire critique*. Paris: Gallimard, 1982.

PITKIN, Hanna Fenichel. *The concept of representation*. Berkeley; Los Angeles: University of California Press, 1967.

PRIORE, Mary del. *A mulher na história do Brasil*. São Paulo: Contexto, 1988.

QUEIROZ, Suely Robles Reis de. *Os radicais da República. Jacobinismo: ideologia e ação, 1893-1897*. São Paulo: Brasiliense, 1986.

SAHUT, Marie-Catherine e Régis Michel. *David. L'art et le politique*. Paris: Gallimard, 1988.

SANTOS, Lúcio José dos. *A Inconfidência Mineira*. Belo Horizonte: Imprensa Oficial, 2. ed., 1972.

SILVA, Eduardo (Org.). *Ideias políticas de Quintino Bocaiuva*. Brasília: Senado Federal; Fundação Casa de Rui Barbosa, 1986, 2 vols.

STOURZH, Gerald. *Alexander Hamilton and the idea of republican government*. Stanford: Stanford University Press, 1970.

TAYLOR, Joshua C. (ed.). *Nineteenth-century theories of art*. Berkeley; Los Angeles; Londres: University of California Press, 1982.

TORRES, João Camilo de Oliveira. *O positivismo no Brasil*. Petrópolis: Vozes, 1943.

VIVEIROS, Esther de. *Rondon conta sua vida*. Rio de Janeiro: Livraria São José, 1958.

WHITTLESEY, E. N. *Symbols and legends in Western art. A museum guide*. Nova York: Scribner's Sons, 1972.

ARTIGOS, TESES, FOLHETOS

AGULHON, M. "Esquisse pour une archéologie de la République: l'allégorie civique féminine", *Annales ESC*, 28 (1973), pp. 5-34.

BARBOSA, Francisco de Assis. "Para uma reavaliação de Floriano", in Sérgio Correa da Costa, *A diplomacia do marechal. Intervenção estrangeira na Revolta da Armada*. Rio de Janeiro: Tempo Brasileiro; Universidade de Brasília, 2. ed., 1979, pp. XI-XXVI.

BARROSO, Gustavo. "Os retratos de Tiradentes". *O Cruzeiro*, 23/4/1955.

CARDOSO, Maria Helena Cabral de Almeida. "A herança arcaica do jacobinismo". Trabalho apresentado ao Congresso Nacional da História da Propaganda, Proclamação e Consolidação da República no Brasil. IHGB, novembro de 1989.

CARELLI, Mário. "Quelques réflexions autour de l'indéfinition de l'allégorie féminine du Brésil". Texto não publicado.

CARVALHO, José Murilo de. "Entre a liberdade dos antigos e a dos modernos: a República no Brasil". *Dados. Revista de Ciências Sociais*, 32, 3 (1989), pp. 265-80.

_____. "Forças Armadas e política, 1930-1945", em *A Revolução de 30. Seminário internacional*, Brasília, Universidade de Brasília/CPDOC, 1982, pp. 109-50.

_____. "A ortodoxia positivista no Brasil: um bolchevismo de classe média". *Revista do Brasil*, ano 4, n. 8 (1989), pp. 50-6.

COSTA, Maria Cristina Castilho. "O retrato feminino na pintura brasileira, 1800-1950". Tese de mestrado em antropologia, USP, 1985.

COTRIM, Álvaro (Alvarus). "O 15 de novembro na imprensa ilustrada", *Jornal do Brasil*, 15/11/1973.

DONALD, David. "The folklore Lincoln", in Nicholas Cords and Patrick Forster (eds.), *Myth and the American experience*. Nova York: Glencoe Press, 1973, vol. II, pp. 43-54.

FERNANDES, Rubem César. "Aparecida: nossa rainha, senhora e mãe, saravá!", em Viola Sachs et al., *Brasil & EUA: religião e identidade nacional*. Rio de Janeiro: Graal, 1988, pp. 85-111.

GIRARDET, Raoul. "Les trois couleurs, ni blanc, ni rouge", in Pierre Nora, directeur, *Les lieux de mémoire*, vol. I, *La République*. Paris: Gallimard, 1984, pp. 7-35.

HOBSBAWM, Eric J. "Homem e mulher: imagens da esquerda", in *Mundos do trabalho. Novos estudos sobre história operária*. Rio de Janeiro: Paz e Terra, 1987, pp. 123-47.

LANGLOIS, Claude. "Les dérives vendéennes et l'imaginaire révolutionaire", *Annales ESC*, 3 (maio--jun., 1988), pp. 771-97.

MARIANTE, Hélio Moro. "Revolução de 1893", trabalho apresentado ao Congresso Nacional de História da Propaganda, Proclamação e Consolidação da República no Brasil, IHGB, novembro de 1989.

MELLO JÚNIOR, Donato. "As primeiras exposições de belas artes na República", trabalho apresentado ao Congresso Nacional de História da Propaganda, Proclamação e Consolidação da República no Brasil, IHGB, novembro de 1989.

MOURÃO, Ronaldo Rogério de Freitas. "A bandeira da República". *Revista do Brasil*, ano 4, n. 8 (1989), pp. 84-90.

PINHO, Wanderley. "A Questão Militar e a República". *Revista do Brasil*, ano II, n. 17 (nov., 1939), pp. 23-30.

POCOCK, J. G. A. "Civic humanism and its role in anglo-american thought", in J. G. A. Pocock, *Politics, language and time. Essays in political thought and history*. Nova York: Atheneum, 1973, pp. 80-103.

VOVELLE, Michel. "La marseillaise. La guerre ou la paix", in Pierre Nora, directeur, *Les lieux de mémoire*, vol. I, *La République*. Paris: Gallimard, 1984, pp. 85-136.

Índice remissivo

Os números de páginas em itálico indicam as ilustrações.

Abolição da escravidão, 25
Abreu, Plácido de, 40
Agostini, Angelo, 84, *85*, *97*, 115, *117*
Agulhon, Maurice, 82
Alegoria da República (tela de Lopes Rodrigues), 85, 88
Almeida Júnior, José Ferraz de, 100, 101
Almeida, Belmiro de, 101
Alvarenga Peixoto, Inácio José de, 71
Amaral Fontoura, Ubaldino do, 76
Américo, Pedro, 42, 71, 91, 100, 101
Amoedo, Rodolfo, 101
anarquismo, 35, 75
Andrada e Silva, José Bonifácio de, 24, 50, 109, 112; para os positivistas, 42, 47, 59
Andrade, Francisco, *77*
Apelo aos conservadores (Comte), 21, 134, 136-8
Arendt, Hannah, 19, 26
Azevedo, Arthur, 39, 54

Baczko, Bronislaw, 14, 95
bandeira nacional, A (Prado), 110
Bandeira, Sebastião, 40
Barata Ribeiro, Cândido, 52, 74
Barbosa, Rui, 108
Barroso, Gustavo, 78
Bartholdi, Frédéric, 82
Batista Cardoso, Joaquim Inácio, 40
Bernardelli, H., 37, 41, 91, 114
Bilac, Olavo, 121
Blondel, Camille, 36
Bocaiuva, Quintino, 37-8, 41, 51-3, 55-6, 74, 84, 107; papel no 15 de novembro, 38
Bonaparte, Napoleão, 17
Brasil pitoresco (Ribeyrolles), 63, 68
Brasiliense, Américo, 52
Brasil-Império, organização política, 23-5
Bruno, Pedro, 117
Burton, Richard, 62

"cabeça de Tiradentes, A" (conto de Bernardo Guimarães), 64
Campos Sales, Manuel Ferraz de, 35, 52, 60, 74, 94

Campos, Bernardino de, 52
Cardoso, Fausto, 94
Cardoso, Trajano, 40
Carlos x, imperador da França, 22, 106
Castilhos, Júlio de, 47; monumento a, 51, 90, 117
Castro Alves, Antônio de, 64, 66, 69, 119
catecismo positivista, O (Comte), 136
Cavina, Umberto, *91*
Caxias, duque de, 57, 60
cidadania, 35
Coelho Neto, Henrique, 94, 111
Comte, Augusto, 13, 21, 33, 47, 76, 88, 90, 98, 108, 110, 127-40; desenvolvimento do positivismo, 128-9, 131; e a bandeira republicana, 114; e a noção de pátria, 22; e o catolicismo, 22, 138; e o positivismo brasileiro, 132, 134, 137; e os jacobinos, 134; influência de Clotilde de Vaux, 128
Constant, Benjamin (escritor francês), 17, 19-21, 23, 31
Constant, Benjamin (militar brasileiro), 37, 40-1, 43-4, 50, 53-4, 56, 59, 93, 98, 108, 110, 112, 114, 118, 122; e a bandeira republicana, 111; e o positivismo, 137, 139; monumento a, *45*, 49, 90, *92*, 115; papel no 15 de novembro, 38, 42; para os positivistas, 42, 47, 59
Correia, Serzedelo, 38, 121
Costa Júnior, José de Almeida, 55
Cours de philosophie (Comte), 128
Cruz, Gabriel, 107

D. Quixote, jornal, 92, 115
D'Eu, conde, 13, 27, 41, 84
"Da liberdade dos antigos comparada à dos modernos" (conferência de Benjamin Constant, escritor francês), 17
Danton, Georges Jacques, 21, 43, 50
Daumier, Honoré, 80, 82, *83*, 94
David, Jacques-Louis, 11, 90-1, 102, 105, 131, 139
Debret, Jean-Baptiste, 109
Delacroix, Eugène, 80, 98, 102, 120

Demoulins, Edmond, 32
Deschamps, Marie, 80, 98
despojos de Tiradentes no caminho novo das Minas, Os (tela de Portinari), 78
Diário de Notícias, 111
Diário do Commercio, 109
diferenças culturais, anglo-saxões *versus* ibéricos, 32-3
Dubuisson, Paul Emile, 134
Duque Estrada, Osório, 124

Echo Popular, jornal, 76
Escola Superior de Guerra, 37, 111
Esparta, 18
Espírito Santo, major, 55
Estados Unidos, 31
estátua da Liberdade, Nova York, 82

Falcão, Aníbal, 33
federalista, O (Hamilton, Jay, Madison), 19
Fernandes Pinheiro, cônego, 67
Ferreira de Souza, Antônio, 64
Ferry, Jules, 21
Figueiredo, Aurélio de, 71
Filhote, O, jornal, 93
Fleiuss, Henrique, 119
Fogo fátuo (Coelho Neto), 94, 111
Fon-Fon, jornal, 93
Fonseca, Deodoro da, 37-8, 40-2, 50-1, 53-7, 59-60, 69, 92, 114, 118, 122; insatisfação com a bandeira republicana, 110; papel no 15 de novembro, 38, 42
founding fathers, da República norte-americana, 18-9, 23, 31
frei Caneca (Joaquim Rabelo), 71-2, 75
Freitas, José Madeira de *ver* Mendes Fradique
Freyre, Gilberto, 99

Gama, Luís, 66, 69
Gambetta, Léon, 21, 120
Gato, O, jornal, 94
Gazeta de Notícias, 110
Glicério, Francisco, 38, 52-3, 55

Góes Monteiro, Pedro Aurélio de, 57
Gonçalves, Bento, 71
Gonzaga ou a conjuração de Tiradentes (Ferreira de Souza), 64
Gonzaga ou a Revolução de Minas (peça de Castro Alves), 64, 69
Gonzaga, Tomás Antônio, 63-4, 68
Gottschalk, Louis Moreau, 123
guarani, O (Alencar), 24
Guerra do Paraguai, 34, 39-41, 60, 118, 123
Guimarães, Bernardo, 64

Hamilton, Alexander, 18-9, 22, 34
Harrison, Frederic, 134
Hermes da Fonseca, Mário, 54
hino nacional, como símbolo da república, 119-26
História da Conjuração Mineira (Souza Silva), 66, 68, 71
História do Brasil (Southey), 62-3
História do Brasil pelo método confuso (Fradique), 94
Hobsbawm, Eric, 95
Hume, David, 18

Inconfidência Mineira, 61-76, *Autos da Devassa*, 66, 71; reações populares no Rio de Janeiro, 62
interesse público *versus* privado, 19, 25, 32
Internacional, hino, 121
Isabel, princesa, 27, 84, 100

jacobinismo, 9-10, 13, 16-7, 20-1, 23, 27, 29, 31, 35, 44, 47, 59, 74, 76, 78, 98, 105, 107, 110, 112, 134, 141
Jefferson, Thomas, 31
Jornal do Commercio, 74
Júlio de Castilhos, monumento a, *48*
juramento dos Horácios, O (tela de David), 11

Lafayette, 105-6
Laffitte, Pierre, 21-2, 134; e o positivismo brasileiro, 134, 137

Lemos, Miguel, 29, 42, 111-2, 134, 136-8; e a bandeira republicana, 114, 117
Lettre a Marianne (Pyat), 82
liberalismo, 9, 25, 27, 60, 136
liberdade: conceitos de, 17, 20, 34; do homem privado, 17; do homem público, 17
Liberdade guiando o povo, A (tela de Delacroix), 80
Liras (Gonzaga), 64
Lisle, Rouget de, 120
Littré, Émile, 21, 134, 137
Lobo, Aristides, 40-1, 52, 54-5
Lopes Rodrigues, Manuel, 85, *89*
Lopes Trovão, José, 55-6

Mably, Gabriel de, 17, 31
Machado, Julião, 84
Machado, Manuel Joaquim, 40
Malho, O, jornal, 84, 93
Malta, Augusto, 107
Mandeville, Bernard, 19
Manifesto republicano, 66
Maquiavel, Nicolau, 31
Maria I, imperatriz, 63
Marinho, padre José Antônio, 63
Marselhesa, 10, 12-3, 15, 28, 80, 105, 107, 119-21
marselhesa, A (baixo-relevo de Rudé), 80, 84
Martírio de Tiradentes (tela de Aurélio de Figueiredo), 71
marxismo, 139
mátria *versus* pátria, 23
Medeiros e Albuquerque, José Joaquim, 119, 121, 124
Medeiros, José Maria de, 100
Meireles, Vítor, 91, 100-1
Memória do êxito que teve a conjuração de Minas (anônimo), 61, 66, 68, 73
Mena Barreto, João de Deus, 39
Mendes Fradique (José Madeira de Freitas), 94
Mendonça, J. R. de, 134
Mequetrefe, O, jornal, 84, 115

165

Michelangelo, 71
Miguez, Leopoldo, 124
Mirabeau, Honoré de, 11
Monteiro, Tobias, 107
Montesquieu, Charles-Louis de Secondat, barão de, 19, 31
Moore, Barrington, 22
Morais, Prudente de, 115
Morse, Richard M., 33
mulher, como figura alegórica da República, 79-103, 141; desmoralização da, 92-5, *96*; na França, 79-80, 82, *83*, 95; no Brasil, 83-4, 88, *89*, 90, 92-5, 98-9, 102-3
Murat, Luís, 121
Murtinho, Joaquim, 94

Nabuco, Joaquim, 28
Napoleão iii, imperador, 82

Oliveira, Álvaro de, 134
On revolution (Arendt), 19
oportunismo, 21
Osório, general Manuel Luís, 60
Otoni, Teófilo, 64
Ourique, Jacques, 42
Ouro Preto, visconde de, 40-2, 53

Países Baixos, 18
Paiz, O, jornal, 38-9, 69, 74, 84, 106, 124
pátria *versus* mátria, 23
patriarcalismo, na sociedade brasileira, 34
Patrocínio, José do, 54-5, 106-7, 115, 121
Pedro i, imperador, 42, 65-6, 73, 75; estátua de, 64, 74
Pedro ii, imperador, 27, 33, 37, 41, 43, 59, 63, 99, 101
Peixoto, Floriano, 32, 37, 40, 44, 47, 57, 59, 74-5, 98; e a bandeira republicana, 111-2; monumento a, *46*, 50, 90, *93*, 112, 117; papel no 15 de novembro, 38
Penaforte, frei Raimundo de, 62, 66, 68, 72
Pereira Barreto, 134
Pereira de Souza, Pedro Luís, 64-5

Pereira Neto, 84, *86*; e a bandeira republicana, *113*, 114-5
Pils, Isidore, 120
Polônia, 18
Pompeia, Raul, 123
positivismo, 9-10, 13, 16, 20-3, 29-30, 33-4, 44, 47, 49-50, 53, 55-6, 59, 69, 75, 88, 90, 98, 107, 109, 111-2, 127-41; alegoria feminina, 128; desenvolvimento do, 128-9, 131; e a bandeira republicana, 10, 47, 50-1, 56, 98, 104, 108-10, 114-5, 117; e a questão racial, 129; e estética, 131; e o exército, 30, 43; e o papel da mulher na sociedade, 128; no Brasil, 132-40, *136*; ortodoxo, 132-40; princípios do, 129
Prado Júnior, Martinho, 55
Prado, Eduardo, 59, 110
Proclamação da República: acontecimentos do 15 de novembro, 55-6, 59; e a figura do herói, 58; e separação entre Igreja e Estado, 99; guerra dos vivas, 37; questões econômicas, 31; representada em tela por H. Bernardelli, 41; sem apoio popular, 125; sem participação popular, 9, 10, 14, 36, 40, 55-6, 58, 60, 98, 102; valor simbólico do ato, 37
Pyat, Félix, 82

república: bandeira como símbolo da, 104-19; conceitos de, 18, 20-3, 43, 53; democrática *versus* sociocrática, 43, 53; e escravidão, 24-5; e imigração, 24
republicanos: diferentes visões, 25-7, 29-30; e a questão da identidade, 34-5; militares, 30
Resende Costa, filho, José de, 62
Revista do Instituto Histórico e Geográfico, 63
Revista Illustrada, 84, 114-5, 126
Revolta da Vacina, 47
Revolução Americana, 1776, 18-9, 23
Revolução Francesa, 1789, 10-3, 15, 17, 19-21, 23, 27, 43, 50, 56, 84, 95
Ribeyrolles, Charles, 63, 68

Robespierre, Maximilien de, 21, 32
Robinet, Eugène, 134
Rodrigues Alves, Francisco de Paula, 115
Rodrigues da Costa, Manuel, 62
Roland, Manon, 80
Roma, 18
Romero, Sílvio, 32, 43
Rondon, marechal Cândido, 56, 98
Rousseau, Jean-Jacques, 17, 19, 22-3, 129
Rudé, François, 80, *81*, 120

Sá, Eduardo de, *46*, 47, 76, 88, 90, *131*
Saint-Simon, Claude-Henry de Rouvroy, conde
    de, 128, 130
Saldanha Marinho, Joaquim, 52, 60
Sales, Alberto, 26, 32, 35
Sampaio Ferraz, 61, 74
Seixas, Maria Doroteia de, 63
Semana Illustrada, 119
Sena Madureira, Antônio de, 54
Silva Jardim, Antônio da, 13, *28*, 44, 52, 56, 84,
    121; e o positivismo, 137
Silva, Estêvão da, 100
Silva, Francisco Manuel da, 122-4
Silvério dos Reis, Joaquim, 62, 73
socialismo, 75, 83, 106, 139
Sólon, major, 40, 53
Sousa, Ernesto de, 121
Southey, Robert, 62-3
Souza Barros, Maximiano de, 106
Souza Silva, Joaquim Norberto de, 66-8, 71-2
Souza, Vicente de, 76
Stourzh, Gerald, 19

Suprema Corte (EUA), 19
Système de politique positive (Comte), 130-1

Tamandaré, Joaquim Marques Lisboa, marquês
    de, 60
Taunay, visconde de, 76
Teixeira Mendes, Raimundo, *29*, 42-3, 49, 108-
    11, 114, 134, 136
Tiradentes, 50, *70*, 92, 112, 117; como herói da
    República, 58-78, 139, 142; herói nacional
    ao longo do tempo, 78; imagem desconhe-
    cida, 76; monumento a, 74, 76; para os po-
    sitivistas, 42, 47, 59; paralelo com Cristo,
    64, 66, 68-9, 71-2, 76, 142
Tiradentes esquartejado (tela de Pedro Amé-
    rico), 71
Tiradentes, estátua de, *77*
Tocqueville, Alexis de, 32
Torres, Alberto, 35

utilitarismo, 18
utopias republicanas, 9, 17-35

Valadão, deputado, 111-2
Vaux, Clotilde de, 22, 88, 90, 99, 127-8, 130,
    131, 132
Villares, Décio, *45*, 47, *48*, 69, *70*, 71, 76, 85,
    88, 90, *92*, 98, 100-1, 108, *130*; e a bandei-
    ra republicana, 114
Vovelle, Michel, 120

Walsht Rodrigues, José, 78
Wandenkolk, Eduardo, 122

Índice das ilustrações

1. Alberto Sales, *26*
2. Silva Jardim, *28*
3. Retrato de Miguel Lemos, Igreja Positivista do Brasil, *29*
4. Retrato de Teixeira Mendes, Igreja Positivista do Brasil, *29*
5. Monumento a Benjamin Constant, Décio Villares, Rio de Janeiro, *45*
6. Monumento a Floriano Peixoto, Eduardo de Sá, Rio de Janeiro, *46*
7. Monumento a Floriano Peixoto, detalhe, *47*
8. Monumento a Júlio de Castilhos, Décio Villares, Porto Alegre, *48*
9. Monumento a Júlio de Castilhos, detalhe, *49*
10. "21 de abril", *Revista Illustrada*, 19/4/1890, *67*
11. *Tiradentes*, litografia, Décio Villares, Igreja Positivista do Brasil, *70*
12. *Tiradentes*, Francisco Andrade, estátua, Rio de Janeiro, *77*
13. *A partida dos voluntários*, François Rudé, Place de l'Étoile, Paris, *81*
14. *A República*, Honoré Daumier, *83*
15. "Senhores de escravos pedem indenização à República", Angelo Agostini, *Revista Illustrada*, 9/6/1888, *85*
16. "8 de dezembro de 1889", Pereira Neto, *Revista Illustrada*, 14/12/1889, *86*
17. "Proclamação da República Federativa Brasileira", *O Mequetrefe*, 17/11/1890, *87*
18. *Alegoria da República*, Manuel Lopes Rodrigues, *89*
19. *Cabeça da República*, Umberto Cavina, Museu da República, *91*
20. *A República*, autor não identificado, Museu da República, *91*
21. Monumento a Benjamin Constant, detalhe, *92*
22. Monumento a Floriano Peixoto, detalhe, *93*
23. "Mlle. República, que hoje completa mais uma *primavera*", C. do Amaral, *O Malho*, 15/11/1902, *96*

24. "15 de novembro", Raul, *O Malho*, 14/11/1903, *96*
25. "15 de novembro", K. Lixto, *Fon-Fon*, 13/11/1913, *97*
26. "Isto não é república", Vasco Lima, *O Gato*, 22/3/1913, *97*
27. Nota do Tesouro de dois mil-réis, 1900, *97*
28. "Glória à pátria!", Pereira Neto, *Revista Illustrada*, 16/11/1889, *113*
29. "A República Francesa", *Revista Illustrada*, 21/6/1890, *116*
30. "O ano de 1896", Angelo Agostini, *D. Quixote*, 25/11/1895, *117*
31. "A primeira notícia", H. Fleiuss, *Semana Illustrada*, 12/3/1865, *118*
32. *Rouget de Lisle canta a* Marselhesa *diante do prefeito de Estrasburgo*, Pils, *119*
33. "Allons, enfans *[sic]* de la patrie!", *O Diabo a Quatro*, 19/11/1872, *122*
34. "Hymno da proclamação da República dos Estados Unidos do Brazil", Biblioteca Nacional, *125*
35. *A humanidade personificada em Clotilde de Vaux*, Décio Villares, *130*
36. *A humanidade personificada em Clotilde de Vaux*, Eduardo de Sá, *131*
37. Templo da Humanidade no Rio de Janeiro, *132*
38. Altar-mor do Templo da Humanidade no Rio de Janeiro, *133*

ILUSTRAÇÕES EM CORES

I. *A proclamação da República*, Henrique Bernardelli, Academia Militar de Agulhas Negras, *1*
II. *O martírio de Tiradentes*, Aurélio de Figueiredo, Museu Histórico Nacional, *2*
III. *Tiradentes*, óleo, Décio Villares, Museu Mariano Procópio, *2*
IV. *Tiradentes esquartejado*, Pedro Américo, Museu Mariano Procópio, *2*
V. *A leitura da sentença*, Eduardo de Sá, Museu Histórico Nacional, *3*
VI. *Alferes Joaquim José da Silva Xavier*, José Walsht Rodrigues, Museu Histórico Nacional, *3*
VII. *A Liberdade guiando o povo*, Eugène Delacroix, Louvre, *4*
VIII. *Sem título*, *O Malho*, 26/11/1904, *4*
IX. *República*, Décio Villares, Museu da República, *4*
X. *Estandarte da humanidade*, Décio Villares, Igreja Positivista do Brasil, *5*
XI. *Dame à la rose*, Belmiro de Almeida, Museu Nacional de Belas Artes, *6*
XII. *A carioca*, Pedro Américo, Museu Nacional de Belas Artes, *7*
XIII. Bandeira do Império, Museu Histórico Nacional, *8*
XIV. Bandeira do Clube Republicano Lopes Trovão, Museu Histórico da Cidade do Rio de Janeiro, *8*
XV. Bandeira içada no *Alagoas*, Museu da República, *9*
XVI. Bandeira desenhada por Décio Villares, Igreja Positivista do Brasil, *9*
XVII. Bandeira bordada pelas filhas de Benjamin Constant, Museu da República, *9*
XVIII. *A pátria*, Pedro Bruno, Museu da República, *10-1*
XIX. Clotilde de Vaux, *12*

As ilustrações 1, 2, 5, 6, 10-26, 28-30, 32, 33, II-VIII e X-XVIII foram fotografadas por Mário Grisolli e
Lúcia Helena Zaremba.

2ª EDIÇÃO [2017] 5 reimpressões

ESTA OBRA FOI COMPOSTA PELA PÁGINA VIVA EM MINION
E IMPRESSA PELA GEOGRÁFICA EM OFSETE SOBRE PAPEL ALTA ALVURA
DA SUZANO S.A. PARA A EDITORA SCHWARCZ EM NOVEMBRO DE 2023

A marca FSC® é a garantia de que a madeira utilizada na fabricação do papel deste livro provém de florestas que foram gerenciadas de maneira ambientalmente correta, socialmente justa e economicamente viável, além de outras fontes de origem controlada.